Beck'sche Schwarze Reihe
Band 252

MUSIKER IM PORTRÄT

Band 1

Walter Salmen

Von der Spätantike bis 1600

(Beck'sche Schwarze Reihe, Band 250)

Band 2

Walter Salmen

17. Jahrhundert

(Beck'sche Schwarze Reihe, Band 251)

Band 3

Gabriele und Walter Salmen

18. Jahrhundert

(Beck'sche Schwarze Reihe, Band 252)

Band 4

Gabriele Salmen

19. Jahrhundert

(Beck'sche Schwarze Reihe, Band 253)

Band 5

Gabriele Salmen

20. Jahrhundert

(Beck'sche Schwarze Reihe, Band 254)

GABRIELE UND WALTER SALMEN

Musiker im Porträt

Band 3

Das 18. Jahrhundert

VERLAG C. H. BECK MÜNCHEN

Mit 82 Abbildungen

CIP-Kurztitelaufnahme der Deutschen Bibliothek

Salmen, Gabriele und Walter:
Musiker im Porträt / Gabriele und Walter Salmen. –
München: Beck
Bd. 3. Das 18. Jahrhundert. – 1983.
(Beck'sche Schwarze Reihe; Bd. 252)
ISBN 3 406 08452 4
NE: GT

ISBN 3 406 08452 4

Einbandentwurf von Rudolf Huber-Wilkoff, München
Umschlagbild: Georg Friedrich Händel, Marmorstatue
von Louis-François Roubiliac (London, Victoria and Albert Museum)

Gesamtherstellung: C. H. Beck'sche Buchdruckerei, Nördlingen
Reproduktion der Abbildungen: Brend'amour, Simhart & Co.,
Graphische Kunstanstalt, München
Printed in Germany

Inhalt

Einleitung

In der ‚Allgemeinen Theorie der Schönen Künste' von 1775 stellt Johann Georg Sulzer in dem Artikel ‚Portrait' als eine sein Zeitalter kennzeichnende Ansicht fest, daß kein Gegenstand „wichtiger für uns seyn kann, als denkende und fühlende Seelen; so kann man auch daran nicht zweifeln, daß der Mensch nach seiner Gestalt betrachtet ... der wichtigste aller sichtbaren Gegenstände sey". Der Autor gibt damit einer im Gefolge der Aufklärung erkennbaren Verlagerung des künstlerischen und wissenschaftlichen Interesses auf den Menschen als das vorrangig zu betrachtende und darzustellende Objekt kund und kommt zu dem Schluß, daß ein „vollkommenes Portrait ... ein wichtiges Gemälde sei, weil es uns eine menschliche Seele von eigenem persönlichen Charakter zu erkennen gibt". Gemäß dieser Wertschätzung der Bildnisse vom Menschen, die das profilierte Individuum mit seinen im Äußeren gespiegelten Inneren vor das betrachtende Auge führen, wird während des 18. Jahrhunderts auch den Porträts von Musikern ein bedeutenderer, interpretierender Rang als vordem eingeräumt. Sie werden nach der Jahrhundertmitte weniger zur Repräsentation eines ständischen Anspruchs, einer betont strengen Darstellung von handwerklicher Solidität, des überzeugten Bekenntnisses zu einer Kirche, eines bestimmten diensteifrigen Typs benutzt als vielmehr zur Sammlung von *viri illustri* als Teil eines stolz vorzuzeigenden Hofstaates in Auftrag gegeben. Im Musikerporträt verzichtet man mehr und mehr auf herkömmliche Requisiten, Gesten, Attribute, verschlüsseltes allegorisches Rahmenwerk, auf funktionale Eingebundenheiten sowie auf die Wiedergabe des Künstlers im Hüft- oder Brustbild; vielmehr konzentrieren sich die Porträtisten – möglichst genau hinsehend – auf den unverhüllten, schmucklosen Kopf eines Individuums mit Herz und Verstand als den Spiegel einer einmaligen Seele. Man will mit nüchternem, nichts verschönerndem Tiefblick anstelle von äußerem Prunk und typisierten Posierungen „die ganze Individualität des Innern im ruhigen Aeußern des darzustellenden Urbildes abspiegeln" (Friedrich von Matthisson). Der „Seelenmahler" Anton Graff (1736–1813), der auch einige Komponisten konterfeit hat, galt als ein besonders trefflicher Könner in dieser Kunstsparte, die – teilweise im Anschluß an Johann Caspar Lavater – darum bemüht war, physiognomisch eindringlich den „stehenden Charakter" zu zeigen.

Etliche Bildnisse, die in die vorliegende Auslese aufgenommen wurden, erfüllen diese an die Gattung gestellten Anforderungen, andere hingegen setzen die im 16. und 17. Jahrhundert entwickelten Topoi von Komponisten-, Musiker- oder Theoretikerporträts kontinuierlich fort. So gesehen, vollzieht die Geschichte des Musikers im Porträt die Wandlungen und Gleichzeitigkeiten nach, welche die Musik stilistisch vom Spätbarock über die Vorklassik und den Sturm und Drang zur Klassik hin erfuhr. Das kulturelle Relief dieses Jahrhunderts ist dementsprechend nicht einheitlich gestaltet. Johann Mattheson oder Johann Sebastian Bach ließen sich anders präsentieren als etwa Johann Adam Hiller, Wilhelm Friedemann Bach, Georg Benda oder auch der späte Wolfgang Amadeus Mozart. Die Intentionen, die Mittel, die Funktionen wie auch der gesellschaftliche Status hatten sich erheblich verändert. Ein Porträt als „Denkmal der Freundschaft" (Salomon Gessner) oder zur abbildlichen Vergegenwärtigung Abwesender angefertigt, diente anderen Zwecken als die zum Schmuck mondäner Salons gefertigten Bilder oder auch gewisse großformatige Gemälde, die zum Beispiel mit dem Porträt von Georg Friedrich Händel in Auftrag gegeben worden sind.

Musiker des 18. Jahrhunderts begegnen in Selbstbildnissen (Johann Philipp Kirnberger), auf Gruppenporträts von Ensembles (zum Beispiel in Schloß Frederiksborg zu Kopenhagen von Le Coffre, 1711, oder ‚Musik in Geschichte und Gegenwart' VI, Taf. 27), auf Doppelporträts (so etwa Maurice Greene mit seinem Librettisten John Hoadly, in ‚Musik in Geschichte und Gegenwart' V, Taf. 33) sowie in Einzeldarstellungen. Die Komponisten ließen sich als strenge Kontrapunktiker (Johann Sebastian Bach, Johann C. Deggeller) oder auch als inspirierte ‚Originalgenies' abbilden (Giovanni Paisiello, Christoph Willibald von Gluck, Domenico Cimarosa, Leopold Koželuch). Man saß, mit der linken Hand spielend und dabei schreibend, am Klavier, das damit zum signifikanten „Componier-Werkzeug" geworden war (siehe ‚Musik in Geschichte und Gegenwart' II, Sp. 1496; VIII, Sp. 1533; XIV, Sp. 281; ‚The New Grove' IV, S. 492), oder man ließ sich, am Tische sinnierend, Einfälle zukommen (‚Musik in Geschichte und Gegenwart' VII, Sp. 951 und 1667 sowie III, Sp. 383). Der Kopf war dabei oft auf den linken Arm aufgestützt (etwa bei Johann Martin Kraus oder bei Carlo Tessarini) nach Art der herkömmlichen Darstellungen der personifizierten *Melancolia*. Überschaut man die von einem der herausragenden Meister dieses Säkulums erstellten Bildnisse, dann lassen sich zudem weitere Kennzeichen des schöpferischen Aktes ablesen, so etwa bei Joseph Haydn. Dieser österreichische Komponist in fürstlichen Diensten, der sich gern abbilden ließ und die Stiche um der gewünschten Popularität willen selbst gezielt an Abnehmer verteilte, wurde dargestellt am Klavier, am Schreibtisch, mit einem Notenblatt in der Hand, aber auch noch im Jahre 1781 mit Zierrahmen, mit den Symbolen ‚Euterpe' und Leier. Das schlichte Notenblatt diente zumeist als hinweisendes Attribut, so bei Georg Philipp Telemann, Benedetto Marcello, Gottfried August Homilius, Carl Michael Bellman, Willem de Fesch. Zuweilen läßt dieses Papier eine deutlich aufgezeichnete Komposition erkennen, die vom Dargestellten offensichtlich besonders hoch geschätzt wurde (vgl. ‚Musik in Geschichte und Gegenwart' IX, Taf. 31 und Sp. 1265). Neben den Komponisten liegende Bücher deuten entweder deren Gelehrsamkeit an oder den durch Bekanntheit und Repertoirisierung erwiesenen Wert abgeschlossener musikalischer Werke (‚Musik in Geschichte und Gegenwart' V, Sp. 1383 sowie XV, Sp. 294). Leier und Lorbeerkranz sollen auf den beanspruchten Ruhm verweisen und den antikisierenden Rückbezug im Selbstverständnis deutlich machen (siehe Pietro Locatelli, Niccolò Jommelli, Carlos de Seixas, ‚Musik in Geschichte und Gegenwart' XI, Taf. 62 und Sp. 1091). Vornehme Hofkleidung ohne sonderliche Beigaben oder schmückende Orden (vgl. ‚Musik in Geschichte und Gegenwart' V, Sp. 708 und 823) vermögen denselben Effekt des Ausdrucks von Arriviertheit zu erzielen. Wenn ein Komponist auch ein versierter Fagottist war, wie etwa Johann Friedrich Lampe (gestorben 1751), dieser indessen vor dem Hintergrund eines Orgelprospektes in Erscheinung tritt (‚Musik in Geschichte und Gegenwart' VIII, Sp. 152), dann wurde dieses Attribut gewiß mit einer besonderen Bewandtnis vom Maler verwendet, das Hintergründiges anzudeuten hat.

Die praktizierenden Musiker dieses Jahrhunderts werden mit allen solistisch verwendbaren Instrumenten gezeigt, also François Devienne mit der Traversflöte, Joseph Bedos mit dem Fagott, Sante Aguilar mit der Oboe, Jean-Baptiste-Antoine Forqueray mit der Gambe, Ernst Gottlieb Baron mit der Laute, José Herrando mit der Violine, Jan Antonín Mareš als Schöpfer der russischen Hornmusik mit einem Naturhorn. Zuweilen sind diese Instrumente stillebenartig angeordnet nach dem Muster flämischer Bildwerke des 16. und 17. Jahrhunderts, die thematisch zur Gruppe der *,Cabinets de musique'* gehören (z. B. auf einigen Musikerporträts von Peter Jakob Horemans, die nach 1760 in München im Auftrage des bayerischen Kurfürsten entstanden). Dirigenten wie etwa Franz Xaver Richter oder Pietro Morandi halten als Zeichen ihrer Tätigkeit eine Notenrolle in einer Hand. Für Tänzer, Sänger und Sängerinnen gab es keine normierten Requisiten. Einige sitzen oder stehen mit oder ohne Notenblatt am Klavier, andere haben eine Hand in Dirigierpose erhoben (vgl. ,Musik in Geschichte und Gegenwart' VIII, Sp. 678; XI, Taf. 21 und XIII, Taf. 1), andere lassen sich (so der Kastrat Farinelli) durch Musen bekränzen, oder sie stehen kostümiert in Aktion auf der Bühne (,Musik in Geschichte und Gegenwart' VI, Sp. 1850). Abbilder von praktizierenden Musikern gibt es von deren Kindesalter an, denn musizierende Wunderkinder – wie etwa Nannerl und Wolfgang Amadeus Mozart oder die Gebrüder Pixis aus Mannheim – wurden nach 1770 ein immer begehrter werdender Gegenstand der Bewunderung im aristokratischen wie im bürgerlichen Musikleben. Musikgelehrte sind auf den Porträts von ihrer Bibliothek umgeben, Instrumentenbauer zeigen entweder ihre Erfindungen oder Tätigkeiten wie das Stimmen von Musiziergeräten (Bartolommeo Cristofori, Johann Andreas Stein). Bemerkenswert ist, daß eine in der Operngeschichte zentrale Persönlichkeit wie der Hofpoet Pietro Metastasio zwar als Librettist und *,Abate'* porträtiert wurde, dieses Abbild jedoch auch ausgeschmückt wurde mit musikalischen Attributen, die seine produktive Nähe zu dieser Kunst ausweisen sollen (,Musik in Geschichte und Gegenwart' IX, Sp. 225).

Musikerporträts, die als Gemälde, Stiche oder Büsten hergestellt wurden, waren auch im 18. Jahrhundert Gegenstand systematischer Sammlung, sie wurden in hohen Druckauflagen abgesetzt oder auch als Mittel der Huldigung verwendet. Bedeutende Bildnissammlungen besaß in Leipzig die 1738 von Lorenz Mizler gegründete ,Korrespondierende Sozietät der musikalischen Wissenschaften', da jedes ihrer Mitglieder – so unter anderem Johann Sebastian Bach – ein in Öl gemaltes Porträt einzureichen hatte, wonach Kupferstiche angefertigt wurden. Im Neuen Schloß zu Bayreuth wurde im Auftrage der Markgräfin Wilhelmine von Bayreuth eine Galerie von Pastellen der dort aufgetretenen Musiker und Sängerinnen zusammengestellt, in Bologna sammelte aus historisch-antiquarischen Interessen heraus der Padre Giovan Battista Martini einen umfangreichen Bestand an Brustbildern verstorbener wie auch zeitgenössischer Musiker. Carl Philipp Emanuel Bach bewahrte in Hamburg eine mehrere hundert Bildnisse ,,von Componisten, Musikern, musikalischen Schriftstellern, lyrischen Dichtern und einigen erhabenen Musik-Kennern" umfassende Privatsammlung (siehe dazu ,Bach-Jahrbuch' 1939, S. 98ff.), die sich insbesondere für die norddeutsche Musikgeschichte als eine schätzenswerte Fundgrube anbietet. Vermehrt wurden während des 18. Jahrhunderts Nachstiche in Publikationen wie etwa *,Le Parnasse françois'* (1732) von Titon du Tillet oder *,Suite de portraits'* (1736) von Michel Odieuvre aufgenommen, damit sie den Nachruhm der Porträtierten sichern sollten. Im kleinstformatigen Verschnitt wurden Nachstiche zudem auf Huldigungsbildern mit dem Titel ,,*Hommage au génie de . . .*" wiedergegeben. Wenngleich dieser Bildtyp parallel zur Entwicklung des Künstlerdramas erst in der zweiten Hälfte des 19. Jahrhunderts mit Porträts von Beethoven, Liszt oder Wagner als den nahezu ,göttlich' verehrten Idolen massenhaft produziert wurde und seine hauptsächliche Ausprägung erfuhr, begann diese Darstellung der aus dem antiken Ahnenkult stammenden Heroisierung oder Apotheose illustrer Persönlichkeiten schon zu Lebzeiten Glucks musikgeschichtlich relevant zu werden. Das Originalgenie ließ sich möglichst vor dem Hintergrund antiker Dekorations- und Bildungsrequisiten feiern. Indem man etwa die Gluck-Büste des Antoine Houdon von 1776 in einem Gemälde als Blickfang abbildete, erwies man dem umworbenen Meister in der Vergegenwärtigung seines Porträts die Reverenz (dazu siehe Salmen, ,Haus- und Kammermusik', 2. Aufl. Leipzig 1982, Abb. 46, oder Art Institute of Chicago, Inv. Nr. 1972.775). Johann Friedrich Reichardt berichtet zudem 1782: ,,Grétrys Büste wurde vor einiger Zeit in Lüttich, wo er gebohren, auf dem Theater aufgestellt, und durch ein allegorisches theatralisches Fest eingeweiht" (im ,Musikalischen Kunstmagazin' I, 1782, S. 50). Hierzu ist anzumerken, daß diese pseudoreligiöse Weihung einem erst vierzigjährigen Lebenden galt.

Diese Bereitschaft der Mitwelt, dem Künstler Huldigungen darzubieten, führte zwecks kommerzieller Nutzung auch zur Wiedergabe des Antlitzes auf mit Lorbeerkränzen umwundenen, mit Putten und der Fama ausgezierten Medaillons für Frontispize einzelner Notendrucke, so etwa vor 1795 bei Breitkopf in Leipzig bei der Erstausgabe des Klavierauszugs von Mozarts *,Cosi fan tutte'*. Auch durch Mitdruck von Bildgedichten, die sich auf Musikerporträts bezogen, wurde der Verehrung Ausdruck gegeben. Ein solches verfaßte und publizierte 1781 Hester Lynch Thrale über ein Porträt von Charles Burney (in ‚Thraliana' I, 475). Es folgte im Druck auf ein Bildnis von Giuseppe Baretti und hat folgenden Wortlaut:

See here happy Contrast! in Burney combine,
Every Power to please, every Talent to shine;
In professional Science a second to none,
In social – if second – thro' Shyness alone;
So sits the sweet Violet close to the Ground,
While Holyoaks and Sunflowers flant it around:
This Character form'd free, confiding, & kind,
Grown cautious by Habit, by Station confin'd,
Tho' born to improve and enlighten our days,
In a supple Facility fixes its Praise:
And contented to sooth, unambitious to strike,
Is the favrite of all Men, – of all Men alike.

(Sieh den geglückten Gegensatz! In Burney vereinen sich alle Gaben zu gefallen mit jeglichem Talent zu glänzen. In seiner beruflichen Wissenschaft steht er hinter niemand zurück, in der Gesellschaft nimmt er lediglich aus Bescheidenheit einen niedrigeren Rang ein. Ähnlich schmiegt sich auch das Veilchen eng an den Boden, während Herbstrosen und Sonnenblumen vor allen prunken. Sein Wesen, von Natur aus frei, freundlich und vertrauensvoll, ist aus Gewohnheit und aufgrund seiner Stellung vorsichtig geworden, obwohl es dazu geboren war, unsere Zeit zu verbessern und aufzuklären: dieser Charakter erregt durch seine geschmeidige Gewandtheit Bewunderung und ist da dem aller Menschen ähnlich, bei allen Menschen beliebt, weil er sich damit zufriedengibt zu beruhigen und keinen Ehrgeiz entwickelt, andere anzugreifen.)

Die vielen Musikerporträts aus dem 18. Jahrhundert repräsentieren so wie die Darstellungen von Mitgliedern anderer Berufsgruppen sowohl die abbildende Tendenz in diesem Säkulum zur „täuschenden Nachahmung der Natur" als auch die distanzierte, durch Allegorien oder Embleme verschlüsselte Wiedergabe von Personen, die der intellektuellen Entzifferung bedürfen. Das Berufs- und Standesporträt wie die schmucklose, physiognomisch fesselnde Wiedergabe des Kopfes eines berühmten Menschen halten sich quantitativ noch die Waage.

Musiker im Porträt

Antonio Caldara

Die Glanzzeit der Hofmusik in Wien unter Kaiser Karl VI. wurde außer durch den Hofkapellmeister Johann Joseph Fux auch von dessen Vizekapellmeister Antonio Caldara tonangebend mitgeprägt. Dieser wurde um 1670 in Venedig (möglicherweise auch in Padua) geboren. Vermutlich war er ein Schüler von Giovanni Legrenzi, durch den er in die Musik des venezianischen Spätbarock eingeführt wurde, eine Kunst, die er später produktiv in Österreich anwandte. Neunzehnjährig debütierte er mit der Oper *,L'Argene'*; 1693 wurde er Cellist an San Marco. Von 1700 bis 1707 war er als Kapellmeister am Hofe zu Mantua beschäftigt; sodann unternahm er etliche Reisen, die ihn 1712 nach Wien führten. Hier trat er 1716 das Amt des Vizekapellmeisters an, das er bis zum Tode am 28. Dezember 1736 beibehielt. Caldara war ein fleißiger Komponist, der die Wünsche seiner Auftraggeber gern erfüllte und die stattliche Zahl von etwa 40 Oratorien, 80 Seria-Opern, 100 weltlichen Kantaten, viele Messen und Motetten, Kanons und Triosonaten zu Papier brachte. Harmonierend mit den Bestrebungen Fuxens, suchte auch er eine ausdrucksvolle Kantabilität mit dem streng gearbeiteten Satz zu verbinden. Dies wurde vor allem in der Kirchenmusik verwirklicht, die in ritueller Strenge bei Hofe zu den täglichen Pflichtübungen in dieser Phase des Spätbarock gehörte, denn Karl VI. ließ letztmals auch musikalisch seinen Herrschaftsanspruch mit sakraler Würde präsentieren. Die der akustischen Repräsentanz seines Machtanspruchs als „Schirmvogt der Kirche" dienende Hofkapelle hatte gleicherweise in der Residenz wie bei kirchlichen Feiern genügend aufzuwarten. Deutlich spiegelt diese Kunstintention die *,Missa in contrapuncto sub duplici canone inverso, contrario et cancrizante'*, die ein Meisterstück retrospektiver, gearbeiteter Satzkunst ist. Caldara hatte indessen die Fähigkeit, diese auch in Madrigalen angewendete, archaisierend wirkende Schreibweise aufzulockern durch eine italienisch beschwingte, lokkere Melodiosität. Sein Gesamtwerk repräsentiert die spezifisch österreichische Ausformung einer katholisch-imperialen Musikkultur. Mit seinen Beiträgen erreichte die kaiserliche Kapelle als Staatskapelle einen ihrer bis dahin höchsten Leistungsgrade in ihrer langen Geschichte. – Das unsignierte Bildnis von Caldara gehört zur Sammlung der Gesellschaft der Musikfreunde in Wien (Öl auf Leinwand, 56 × 49 cm).

Francesco Mancini

Den hochpathetischen neapolitanischen Spätbarock findet man am eindrucksvollsten gestaltet in den Kompositionen von Francesco Mancini, des dort wichtigsten Konkurrenten von Alessandro Scarlatti. Mancini wurde am 16. Januar 1672 in Neapel geboren und starb daselbst am 22. September 1737. Er war somit zeitlebens der lokalen Musiktradition und -praxis verpflichtet. Nach einer Tätigkeit als Organist wurde er 1704 vom Vizekönig zum ersten Organisten der königlichen Kapelle ernannt, 1708 sodann zu deren Kapellmeister. Bald mußte er jedoch dieses Amt an Alessandro Scarlatti abtreten, dessen Nachfolge er 1725 übernehmen konnte. Mancini hinterließ mehrere Opern mit Buffoszenen oder Intermezzi, die auch außerhalb Italiens aufgeführt wurden, Serenaten und Kantaten, Oratorien und *Drammi sacri* sowie Kirchenmusik. Hierin setzte er Höhepunkte des großen barocken Ausstattungstheaters, ob geistlich oder weltlich geprägt, das in Neapel von klangsatten Sätzen und prunkvollen Darbietungsweisen bestimmt war. Ein Abbild dieses Pathos vermittelt ein um 1730 entstandenes Kolossalgemälde des in Neapel und Wien tätigen Historienmalers Niccolò Maria Rossi. Dieses Bildwerk zeigt den Empfang des Vizekönigs von Neapel in einer pompösen kirchlichen Zeremonie am Feste Mariä Geburt vor der Kirche Santa Maria di Piedigrotta (Wien, Galerie Harrach). Der hier reproduzierte Ausschnitt daraus gibt die vizekönigliche Kapelle unter der Leitung von Francesco Mancini wieder, der mit einer Notenrolle dirigiert. In dem Gruppenporträt sind Sänger, Geiger, je ein Cellist, Bassist und Lautenist am Fuß eines Altars, zum Teil kniend, abgebildet worden.

Michel de La Barre

Nur wenige gemalte Gruppenbildnisse von Musikern haben seit ihrem Entstehen wegen mancher Details derart häufig Beachtung gefunden wie das um 1705 in Paris von Robert Levrac, dit Tournières, im Format 160 × 127 cm gestaltete Gemälde (London, The National Gallery, Inv. Nr. 2081). Dieses *‚Réunion de musiciens'* betitelte Bild ist zudem in zwei Repliken im Musée des Beaux-Arts von Dijon sowie in der Sammlung A. Meyer in Paris vorhanden. Es stellt auf eine ausnehmend repräsentative, würdevolle Weise in gedeckten Farben hervorragende höfische Kammermusiker dar, deren Identifizierung ungelöst ist. Man vermeint Lully stehend, mit der Gambe Marain Marais oder Antoine Forqueray, mit der Traversflöte sitzend Jean und Jacques Hotteterre erkennen zu können. Sicher ist indessen lediglich, daß der hinter dem Tisch stehende Flötist nur Michel de La Barre sein kann, da das von ihm gewendete Notenblatt die 1700 erschienenen Triosonaten dieses berühmten Mitglieds der französischen Hofmusik erkennen läßt. De La Barre wurde um 1675 in Paris geboren, er starb daselbst Ende 1743. Seit etwa 1695 diente er als anerkannter Flötenvirtuose in der Oper sowie in der königlichen Kammer. In dieser Doppelfunktion schrieb er mehrere Bühnenwerke, darunter 1700 das Ballett *‚Le Triomphe des Arts'*, sowie eine größere Anzahl Triosuiten und -sonaten, *‚Airs à boire'* und *‚Airs sérieux'*, Flötenduette sowie Solosonaten für dieses sein Hauptinstrument. Bekannt ist zudem eine Abhandlung über die Musettespieler der *Grande Ecurie*, denen damals aus modischer Begeisterung bei Hofe eine Favoritenrolle zukam. Michel de La Barre schrieb mit den *‚Pièces pour la flûte traversière'* von 1703 in Frankreich die ersten ausschließlich für dieses Blasinstrument konzipierten Suiten. Im Vorwort dazu beschrieb er vor Jacques Hotteterre die seinerzeit wiederbelebte, spezifisch französische, inegale Art der Blastechnik auf diesem subtil zu handhabenden, ‚stillen' Instrument. Die auf nebenstehendem Gemälde dargestellten Flöten sind konisch gebohrte, sogenannte Hotteterre-Flöten, deren klanglich abgestufter Reiz durch gabelgegriffene Halbtöne besonders zum Ausdruck gebracht werden kann.

Jacques Martin Hotteterre

Aus der weit verzweigten französischen Familie Hotteterre, der Komponisten, Virtuosen, Pädagogen und Instrumentenbauer entstammten, ging als bekanntester Musiker Jacques Martin Hotteterre, dit *Le Romain,* hervor. Seine Vorfahren waren in der Normandie Drechsler gewesen, hatten sich im 17. Jahrhundert auf die Herstellung von Flageolets und Musettes spezialisiert und glänzten ab 1656 in Paris als Spieler von Holzblasinstrumenten aller Art. Hier wurde am 29. September 1674 Jacques Martin geboren, er starb daselbst am 16. Juli 1763. Den Beinamen ‚*Le Romain*' erhielt er wahrscheinlich deswegen, weil er sich längere Zeit in Rom aufgehalten hat. 1705 trat er als Baßviolinist und Fagottist in die *Musique de la Grande Écurie* am Königshofe ein. Indessen wurde er nicht durch das Spielen von Baßstimmen berühmt, sondern vielmehr als brillanter Traversflötist und Spezialist für die Musette. Ihm vor allem gelang es, nach Michel de La Barre (siehe S. 18) durch seine kunstvolle, rein und genau intonierende Spieltechnik neben der Blockflöte die Querflöte als *noble*-Instrument des 18. Jahrhunderts zu etablieren. Hotteterre begründete auch mit Lehrwerken und Kompositionen für *la flûte traversière* eine spezifisch französische Flötistenschule. Häufig nachgedruckt wurde der Traktat ‚*Principes de la flûte traversière . . ., de la flûte à bec . . . et du haut-bois*' von 1707, dem auch der nebenstehende Kupferstich von Bernard Picart entnommen wurde. Das Porträt fand bereits im 18. Jahrhundert als musterhafte Darstellung für die Handhabung dieses Instruments lebhaftes Interesse und wurde vergröbert nachgestochen, zum Beispiel für das Buch ‚*Musicus* αὐτοδίδακτος oder der sich selbst informierende *musicus*' von Johann Philipp Eisel (Erfurt 1738, S. 83). Erwähnenswert ist auch die 1737 erschienene ‚*Méthode pour la musette*', op. 10, denn damit bot Hotteterre der Aristokratie für deren Gesellschaftsspiele in den Salons oder im Freien eine Anweisung im Umgang mit diesem *Arcadia* und die Pastoralsphäre imitierend vortäuschenden Modeinstrument, das auf Bildern mit dem typisierten Titel ‚*Le concert champêtre*' vor der Revolution von 1789 häufig vorgestellt wurde.

Antonio Lucio Vivaldi

Die Kompositionen von Antonio Lucio Vivaldi haben seit dem Zweiten Weltkrieg im Konzertleben eine Aufwertung erfahren, die diesen Venezianer zu einem der am häufigsten reproduzierten Tonsetzer des sogenannten Hochbarock werden ließ. Diese derzeitige Breitenwirkung stimmt nicht mit der geteilten Aufnahme durch die Zeitgenossen überein. Geboren am 4. März 1678 in Venedig, starb nämlich Vivaldi unbeachtet und vermutlich verarmt vor dem 28. Juli 1741 in Wien. Lediglich zwei authentische Bildnisse liefern einen optischen Eindruck von seiner Gestalt, wovon eines aus dem Jahre 1723 karikaturistisch das Antlitz überzeichnet (siehe ‚Musik in Geschichte und Gegenwart' XIII, Sp. 1851). Nur ein 1725 entstandener, unbezeichneter, François Morellon La Cave zugeschriebener Kupferstich läßt ungefähr sein Aussehen erkennen (Wien, Gesellschaft der Musikfreunde). Dieses Blatt wurde 1776 von John Hawkins und 1818 durch Lambert jeune in der *‚Galerie des violons et luthiers célèbres'* nachgebildet. Während auf diesem Porträtkupfer der rothaarige Komponist lediglich durch Notenblatt, Feder, Tinte und Tisch gekennzeichnet ist, bringt ein unbezeichnetes Ölbildnis in Bologna zusätzlich eine Violine ins Bild, ohne daß damit die Identifizierung eher gesichert wäre. Als Priester, virtuoser Geiger und Opernunternehmer hatte Vivaldi begonnen, seit 1703 lehrte er am *Ospedale della Pietà* in Venedig, wo er mit einem aus jungen Mädchen bestehenden Orchester hohe Leistungen erzielen konnte. Serienweise entstanden Instrumentalkonzerte, die um 1710 in mehreren Ländern, so auch Johann Sebastian Bach in Weimar, bekannt wurden. Daneben brachte er in Venedig, Vicenza und andernorts etliche Opern auf die Bühne. Er reiste *„in moltissime città d'Europa"* und verbreitete dort den „lombardischen Geschmack" (Johann Joachim Quantz). Früher wie heute fesselt an seinen Solokonzerten und *Concerti grossi* die Stringenz der Anwendung eines einfachen Formprinzips, das auch den *„Dilettanti di Musica"* (1712) Gewißheiten im Hören vermittelt. Sie gründen auf einer sinnfälligen Prägnanz im kontrastierenden Wechsel von Soli und Tutti, einer rationell einfachen Metrik und Kombinatorik, einer temperamentvollen, singenden Geigentechnik sowie schablonenmäßig gereihten Harmoniefolgen. Deskriptive, Inhalte vermittelnde Intentionen (*‚Le quattro Stagioni'*, op. 8) kommen zudem den Rezipienten verbindlich entgegen.

Francesco Saverio Geminiani

Wie sein Lehrer Arcangelo Corelli, so hat auch dessen vornehmlich in England und Irland tätiger Schüler Francesco Saverio Geminiani hauptsächlich Sonaten und Konzerte komponiert. Er wurde am 5. Dezember 1687 in Lucca getauft und dort von seinem Vater ausgebildet. Studien in Mailand, Rom und Neapel schlossen sich an. Von 1707 bis 1710 war er Violinist in der *Cappella Palatina* seiner Heimatstadt, anschließend Konzertmeister am *Teatro Reale* in Neapel. Dem von vielen Italienern damals genutzten Trend folgend, verließ er sein Geburtsland und ging 1714 nach London. Hier war er bis 1731, viel bewundert, als Geiger und Pädagoge tätig. Er gab Subskriptionskonzerte, nach 1733 auch in Dublin, die stets gut besucht waren, denn Geminiani galt als Garant der italienischen Gesellschaftsmusik, die zu seiner Zeit nahezu überall in Europa als vorbildlich adaptiert wurde. Nach einem längeren Aufenthalt in Paris übersiedelte er 1759 nach Irland, wo er in Dublin am 17. September 1762 starb. Als Geigenvirtuose wurde Geminiani „*Il furibondo*" genannt; er muß dementsprechend leidenschaftlich und brillant seine nach Art der römischen Schule strukturierten Sonaten und *Concerti grossi* dargeboten haben. Als begeisterter Sendbote des italienischen *gusto* im Norden hat er im Unterricht wie in etlichen Schulwerken die in Bologna, Rom und Neapel gereiften Traditionen beredt vermittelt. Die größte Verbreitung fand die 1731 erstmals erschienene Schule ‚*The art of playing on the violin*' (op. 9). Aber auch für den guten Geschmack des Spiels auf der Gitarre (1760), der Blockflöte, dem Violoncello und Cembalo hat er sich als Autor eingesetzt. Auf einem gemalten Porträt von William Hoare zeigt er stolz sein Buch ‚*Guida armonica*' op. 10 (London 1742), während er auf nebenstehendem unbezeichneten Kupferstich, dem möglicherweise ein Bildnis von T. Jenkins vorgelegen hat, in die ihn auszeichnende Nähe zu Henry Purcell gerückt worden ist (Wien, Gesellschaft der Musikfreunde). Diese Präsentierung im Doppelbildnis legt den Schluß nahe, daß Geminiani wie sein großer Zeitgenosse aus Sachsen, Georg Friedrich Händel, von seinem Gastland als ein willkommener Zugereister aufgenommen wurde. Er verkörperte weitgehend die Phase des italianisierten Musiklebens in England als mustergebender Praktiker.

HENRY PURCELL.
FRANCESCO GEMINIANI.

Georg Philipp Telemann

„Ich sage ferner so: Wer vielen nützen kann / Thut besser / als wer nur für wenige was schreibet; Nun dient / was leicht gesetzt! durchgehends jedermann; Drum wirds am besten seyn / daß man bey diesem bleibet." Diese Devise aus der Feder des aufgeklärten und anpassungsgewandten Komponisten Georg Philipp Telemann (geboren am 14. März 1681 in Magdeburg, gestorben am 25. Juni 1767 in Hamburg) ist kennzeichnend für die Faktur und die Menge seiner Werke wie auch für seine Erfolge. Er hat sich von Magdeburg aus mit Intelligenz, Energie und weltmännischem Gehabe zielstrebig eine Karriere aufgebaut. Nach gründlicher Lateinschulausbildung und anschließendem juristischem Studium in Leipzig übernahm er dort die musikalische Leitung der Oper sowie des *Collegium Musicum*. Damit bereitete er die Institution des öffentlichen Konzerts in dieser Stadt vor. 1705 siedelte er als Hofkapellmeister nach Sorau zum Grafen Erdmann von Promnitz über und 1706 in gleicher Position nach Eisenach. 1709 wurde er zum herzoglichen Sekretär ernannt und damit sozial beträchtlich aufgewertet, denn aus dem Lakaien war ein Hofbeamter geworden. Ab 1712 gelang ihm eine weitere Statusverbesserung in der reichen Handelsstadt Frankfurt am Main sowie ab 1721 in der Freien Hansestadt Hamburg, wo sich auch sein Talent als Organisator im bürgerlichen Musikleben reichlich entfalten konnte. Er schrieb für jedwede Zwecke Haus-, Kammer-, Kirchen-, Tafel- und Theatermusiken. Auch bedachte Telemann die Musikpädagogik sowie die Handwerkslehre mit Unterrichtsliteratur. Seine Intention, wohlsituiert, selbstsicher sowie umgreifend öffentlich aufzutreten und tätig zu sein, dokumentiert das 1750 entstandene Schabblatt von Valentin Daniel Preißler (1717–1765) in Nürnberg nach einem verschollenen Gemälde von Ludwig Michael Schneider. Dieses Bildnis brachte der Nürnberger Drucker Balthasar Schmidt heraus als „Hn. Telemans portrait 6 kr.", der auch dessen „Lebenslauf", einen Kantatenjahrgang (1744) sowie 6 Ouvertüren verlegerisch betreute (vgl. ‚Die Musikforschung' XVI, 1963, S. 353). Indem sich Telemann mit Notenblatt und Feder sowie mit einem Buch in den Händen abbilden ließ, wies er indirekt auf seine um 1750 bevorzugte Neigung hin, als Gelehrter auch musiktheoretische Aufgaben neben den kompositorischen verstärkt verfolgen zu wollen, was mit den biographischen Fakten übereinstimmt.

Johann Mattheson

Vielseitig begabt, als Komponist, Theoretiker, Enzyklopädist, Kantor, Korrepetitor, Sänger und Diplomat tätig war Johann Mattheson (Pseudonym: Aristoxenos junior). Geboren am 28. September 1681 in Hamburg, begann er seine Laufbahn als Sänger an der dortigen Oper. Diese Institution nutzte er als eine „musikalische Universität" zur Erlangung praktischer Routine, denn eine wissenschaftliche Universität hat er nicht besucht, was angesichts der Vielzahl und Inhalte seiner Schriften bemerkenswert ist. Von 1703 an gewann er Georg Friedrich Händel zum Freunde und machte sich diesem nützlich als erfahrener Praktiker „im dramatischen Styl". Nachdem er auch als „Hofmeister" gedient hatte, wurde er 1706 Sekretär des englischen Gesandten in Hamburg. In dieser Stellung war es ihm vergönnt, an diplomatischen Reisen teilzunehmen und reiche Hörerfahrungen zu sammeln; nebenher komponierte er Bühnenwerke, Oratorien, Kantaten, Serenaten, Instrumentalmusik. 1713 begann er mit der Schrift ‚Das neu-eröffnete Orchester' die stattliche Serie seiner Buchveröffentlichungen. 1718 wurde Mattheson ‚*Director musices in cathedrali Hamburgensis*'. Das damit verbundene Amt mußte er vor allem wegen der sich anbahnenden Taubheit 1728 aufgeben. 1719 wurde er als Kapellmeister des Herzogs von Holstein angenommen. Mattheson, der viermal versuchte, gelehrte Gesellschaften zu begründen, und 1725 mit der ‚*Critica musica*' die erste musikalische Zeitschrift in Deutschland herausgab, starb am 17. April 1764. Er hat, von Jakob Adlung als „hamburgischer Polyhistor" bezeichnet, als belesen sammelnder Enzyklopädist, als aufgeklärter Kritiker sowie als Journalist unentbehrbare Quellenwerke für das 17. und 18. Jahrhundert hinterlassen. Seine Generalbaßschule, seine Bücher ‚Der vollkommene Capellmeister' (1739) sowie ‚Grundlage einer Ehren-Pforte' (1740) sind für die Praxis wie für die Wissenschaften gleicherweise bleibend nützlich. Auf diese Bedeutung Matthesons als wissender, literarisch ambitionierter Musiker verweist das von Johann Salomon Wahl (1689–1765) in Öl gemalte Bildnis, wonach Johann Jacob Haid (1704–1767) dieses Schabkunstblatt herstellte, welches in Bruckers ‚*Pinacotheca Scriptorum nostra aetate literis illustrium*' (Augsburg 1746) aufgenommen wurde (Wien, Gesellschaft der Musikfreunde, 31 × 19 cm). Seit 1744 durfte sich Mattheson Legationsrat des Herzogs von Holstein nennen.

IOANNES MATTHESON
Celsitudinis Imperialis Magni Russiæ Princip.
Supremi Holsatiæ Ducis
Legationum Consiliarius.
æt.
nat. Hamburg d. 28. Sept. A. 1681.

Johann Gottfried Walther

Unentbehrbar für die musikologische Forschung und die musikalische Praxis ist das 1732 in Leipzig erschienene erste ‚Musicalische Lexikon' in deutscher Sprache, das auch Personenartikel enthält und das Johann Gottfried Walther herausgegeben hat. Dieser Verwandte und Freund von Johann Sebastian Bach (geboren am 18. September 1684 in Erfurt, gestorben am 23. März 1748 in Weimar) hatte an der Universität Erfurt studiert und bei Johann Bernhard Bach Instrumentalunterricht erhalten, bevor er 1702 die Organistenstelle an der dortigen Sankt-Thomas-Kirche übernehmen konnte. Er unternahm Bildungsreisen und vertiefte sich in die wichtigste musiktheoretische Literatur des 17. Jahrhunderts. 1707 übersiedelte er nach Weimar, wo er Organist an der Stadtkirche und Prinzenerzieher werden konnte. Johann Gottfried Walther war ein auf das Bewahren des Tradierten gerichteter Komponist, von dem fast ausschließlich Werke für Tasteninstrumente erhalten geblieben sind. Da er kein zum Extemporieren talentierter Spieler war, mußte er „mit der Wißenschaft der Composition, und dem daher entstehenden Vermögen, etwas reeller aufzusetzen", sich mit viel Fleiß schriftlich ein Repertoire an Choralbearbeitungen, Präludien, Toccaten und Fugen erstellen. Die dabei gewonnenen Einsichten in die Satzpraxis legte er nieder in einem Traktat ‚*Praecepta* der Musicalischen Composition' (1708, Erstdruck Jena 1955). Das Lexikon von 1732 enthält außer Personenartikeln von hohem Quellenwert fast 3000 „gebräuchliche Mus. Kunst- oder dahin gehörige Wörter", womit für die Nachwelt in dem damals größtmöglichen Umfang die aus der mittelalterlichen Tradition der *Artes Liberales* heraus erwachsene Fachsprache der Bach-Zeit vermittelt wird. – Dieses unsignierte Ölbildnis (früher Sammlung des Civico Museo Bibliografico Musicale, Bologna) stellt deutlich einen mehr aufs Theoretisieren denn auf musikantisches Tun erpichten *musicus* vor, der mit Büchern intensiven Umgang pflegte und als Zeichen seiner „Wißenschafft" mit dem Zirkel den Rahmen für die Notierung eines Zirkelkanons absteckt. Diese Darstellung eines *musicus* mit dem Zirkel in der Hand hat Tradition. Im 16. Jahrhundert wurden bereits der Theoretiker Franchino Gaffori sowie um 1560 ein anderer unbekannter norditalienischer Musiker (London, National Gallery, Nr. 2511) mit diesem Attribut versehen, das sonst Porträts von Malern und Architekten ziert.

Jean-Philippe Rameau

Ein aufgeklärter Theoretiker mit internationalem Ruf und ein ausgeprägt französischer Komponist war Jean-Philippe Rameau (geboren am 24. September 1683 in Dijon, gestorben am 12. September 1764 in Paris). Erst mit achtzehn Jahren entschied er sich für den Beruf des Musikers; er reiste nach Italien und war in etlichen Städten Frankreichs als Organist tätig. 1709 wurde er Nachfolger seines Vaters an Notre-Dame in Dijon. Ab 1722 lebte er in Paris, wo er am Jesuitennoviziat sowie an Sainte Croix de la Bretonnerie die Orgel spielte, sich in musiktheoretische Studien vertiefte und komponierte. Die hauptsächlichen Einkünfte bezog er jedoch von dem bekannten Generalsteuerpächter Alexander Jean Joseph Le Riche de La Pouplinière (siehe ‚Musical Quaterly' XX, 1929, S. 519), dessen Salon ein Mittelpunkt des gesellschaftlichen Lebens und eine Disputationsstätte des sogenannten ‚Ramismus' bildete. Aus dieser ihn begünstigenden Verbindung gingen auch etliche *Tragédies lyriques, Opéra-balletts* und *Pastorales* hervor, wozu Voltaire, Abbé Simon-Joseph Pellegrin, Pierre Joseph Bernard und andere die Libretti beisteuerten. Von 1752 an lebte er zurückgezogen in der Rue des Bons Enfants, am 13. September 1764 wurde er in Saint Eustache beigesetzt, wo ihm 1765 ein Denkmal errichtet wurde. Rameau hat sich in seinen zahlreichen Bühnenwerken in der Nachfolge Jean-Baptiste Lullys eigenständig profiliert. Auch in den tanzhaft beschwingten oder genreartigen Klavierstücken hat sich seine Handschrift deutlich ausgeprägt. Die häufig bei ihm anklingenden pastoralen Töne entsprechen der damaligen Gesellschaftsmode, sich in gefälliger Schäferidyllik genießerisch zu ergehen. Als Musiktheoretiker bewirkte er vor allem mit dem fundamentalen ‚*Traité de l'Harmonie Réduite à ses Principes naturels*' (1722), der in der Abgeschiedenheit von Clermont en Auvergne entstanden war, ein Umdenken, das den einzelnen Akkord, seine Obertöne und Umkehrungen zum naturnotwendig erklärten Ausgangspunkt eines physikalisch-mathematisch untermauerten Systems werden ließ. – Jean-Philippe Rameau ist von etlichen Malern, Bildhauern und Stechern konterfeit worden. Im 19. Jahrhundert wurden zudem etliche Bildnismedaillen geprägt. Er war von großer, schlanker Gestalt, von wachem und kritischem Geist geprägt, was trefflich ein Pastell von Louis Carrogis Carmontelle herausstellt (siehe N. Dufourq, ‚La Musique' I, 1965, S. 297).

J. PH. RAMEAU
Né à Dijon le 25 Septembre 1683.

Johann Sebastian Bach

Die erhaltenen Bildnisse von Johann Sebastian Bach (geboren am 21. März 1685 in Eisenach, gestorben am 28. Juli 1750 in Leipzig) haben in der Spezialforschung heftige Polemiken im Hinblick auf das ‚Wahre' und ‚Echte' darin hervorgerufen (den neuesten Wissensstand vermittelt W. Neumann, ‚Bilddokumente zur Lebensgeschichte Johann Sebastian Bachs', Kassel 1979). Hierzu sei nicht detailliert Stellung genommen, hingegen die Geschichte des nebenstehend reproduzierten Gemäldes gedrängt referiert. 1738 hatte Lorenz Christoph Mizler in Leipzig die ‚Correspondirende Societät der Musicalischen Wissenschaften' begründet. Diese gelehrte Gesellschaft zur Bewahrung der alttradierten, mathematisch fundierten Musikbetrachtung ließ nur eine begrenzte Anzahl von Mitgliedern zu, die sich in der Theorie und Praxis der Musik legitimiert hatten. Da Mizler ein Verehrer Bachs war, bat er ihn nach dessen berühmter Reise an den preußischen Hof im Jahre 1747 um den Beitritt als das 14. Mitglied. Zu den Pflichten der Neueintretenden gehörte es, ein Zeugnis der Kompositionsreife abzulegen sowie ein Porträt zu stiften, das in der Bibliothek aufzubewahren war. Gemäß dieser Bedingung ließ sich Bach 1746 von dem Leipziger Porträtmaler der Oberschicht Elias Gottlob Haußmann (1695–1774) in Öl konterfeien (Museum für Geschichte der Stadt Leipzig, 76,5 × 61 cm). Infrarotaufnahmen haben 1960 beweisen können, daß Haußmann das Porträt nach einer Vorzeichnung angefertigt hat; beide Schichten stimmen überein, so daß die mehrmaligen Restaurierungen und Retuschierungen keine entstellenden Übermalungen gebracht haben. Das Bildnis stellt den einundsechzigjährigen Thomaskantor in blauem Rock dar. Außer Variationen über ‚Vom Himmel hoch' hat Bach mit dem Gemälde auch den in der rechten Hand gehaltenen *‚Canon triplex à 6 Voci'* überreicht, einen esoterisch gemeinten Rätselkanon (Bachwerkeverzeichnis 1076), der 1754 als adaptierter Beleg in der ‚Musicalischen Bibliothek' Mizlers veröffentlicht wurde. Freilich sind auf dem Notenblatt nur drei Stimmen notiert, so daß die fehlenden drei vom Rätselnden zu ergänzen sind. Zudem wurde im Notenbild des Tripelkanons der Vermerk *„per J. S. Bach"* zur Bekräftigung der Autorschaft verankert. Haußmann ist es in diesem Bildnis Bachs gelungen, das Selbstbewußtsein wie auch das zur Erblindung führende Augenleiden des großen Musikers erkennbar zu machen.

Georg Friedrich Händel

Da es unmöglich ist, in wenigen Zeilen die Bildnisse des zu Lebzeiten während des 18. Jahrhunderts vermutlich am häufigsten porträtierten Georg Friedrich Händel (Georg Frideric Haendel, Hendel, Handel) zu beschreiben und ikonologisch auszuwerten (geboren am 23. Februar 1685 in Halle, gestorben am 14. April 1759 in London), seien hier – unter Verweis auf ‚Music and Letters' XIII, 1932, S. 156ff. sowie E. Crass, ‚Georg Friedrich Händel, sein Leben in Bildern' (3. Aufl. 1965) – lediglich einige summierende Feststellungen getroffen. Der vielseitige Organist und Komponist, der in mehreren Ländern tätig gewesen ist, wurde von etlichen Künstlern modelliert, gemalt und gestochen ins Bild gesetzt. Es gibt Titelkupfer, Medaillen in großer Zahl, ja selbst einzelnstehende Büsten und Denkmäler wurden *ad vivum* geschaffen. Vielfältig wie kaum ein anderer Musiker seiner Zeit wurde er als angesehene Persönlichkeit mit ehrenden Attributen gekennzeichnet. Man sieht ihn als wissenden Musiker mit einem Buch, am Tisch sitzend mit Notenblättern, auf dem Klavier spielend, vor einem Tasteninstrument am Tisch sitzend und in sinnender Pose schreibend, vor einer Orgel, geschmückt mit reichem Zierrahmen und Allegorien (so zum Beispiel 1748 auf einem Titelkupfer zur Erstausgabe von ‚Das Alexanderfest'), auf einem Doppelporträt mit Arcangelo Corelli, karikiert und idealisiert. Besonderes Augenmerk verdient auch unter sozialhistorischem Aspekt die hier abgebildete Marmorstatue (London, Victoria and Albert Museum, A. 3 – 1965, 135,3 cm hoch). In Carrara-Marmor gemeißelt, wurde diese zu Lebzeiten Händels bereits als freistehendes Monument in einer „*grand Nich*" vor einem Pavillon in dem Londoner Vergnügungsgarten Vauxhall plaziert. Diese Statue schuf Louis-François Roubiliac (1702–1762), ein Freund von William Hogarth. Die Beziehung zu dem großen englischen Satiriker erklärt einiges Ungewöhnliche an der Darstellung, die der Künstlerehrung und Persiflierung zugleich dient. Der dreiundfünfzigjährige, in der Kopfpartie authentisch abgebildete Komponist erscheint als ein auf der antiken Leier improvisierender Apoll. Eine Nachtmütze bedeckt sein Haupt, ungezwungen kreuzt er die Beine, einen Hausschuh hat er abgestreift, ein nackter Knabe notiert, neben Flöte und Oboe kauernd, die gezupften Klänge. Notenbücher unter dem aufgestützten Arm verweisen auf Opern und Oratorien (etwa das ‚Alexanderfest').

Giuseppe Domenico Scarlatti

Giuseppe Domenico Scarlatti (genannt Mimmo), Sohn und Schüler des großen Neapolitaners Alessandro Scarlatti, war einer der Wegbereiter des modernen Klavierspiels, das er vom Cembalo auf das Hammerklavier übertragen half. Geboren am 26. Oktober 1685 in Neapel, wurde er dort bereits 1701 Organist und Komponist an der königlichen Kapelle. Von 1709 bis 1714 war er Kapellmeister der Königin Maria Casimira von Polen in Rom. In dieser Zeit schrieb er mehrere Opern und verschiedene Kirchenmusiken für den Vatikan. Ab 1720 ist er als Kapellmeister des portugiesischen Königs João V. in Lissabon nachweisbar. Hier entstanden fast sämtliche derzeit bekannten 555 Cembalosonaten, die Scarlatti als Lehrer zum Teil mit Mitgliedern der königlichen Familie einübte. 1729 wechselte er an den spanischen Hof über. In dessen diversen Residenzen nahm er als vornehmer Kammermusiker an der Hochkultur der Aristokratie teil und belebte diese mit brillant gespielten Cembalostücken. Er starb am 23. Juli 1757 in Madrid. In der Frühzeit seines Schaffens bis 1725 stand Domenico Scarlatti insbesondere mit seinen Vokalwerken weitgehend im Einflußbereich seines Vaters. Die Übersiedlung auf die Iberische Halbinsel löste ihn aus diesen Banden und machte ihn frei für jenen unverwechselbar zierlichen, klavieristischen Personalstil, der bis heute ob seiner Feinheiten und Transparenz bestechend wirkt. Meist sind die Sonaten aus seiner Feder paarweise angeordnet, die Sätze gliedern sich in zwei Teile. Diese sind auf dem einfachen Modulationsschema Tonika – Dominante – Dominante – Tonika strukturiert. Dreiteilige Satzanlagen nach Art der späteren Klassik waren ihm fremd. Scarlatti verlangt vom Spieler eine brillante Fingertechnik, die im Rahmen einer gemessenen Einfachheit der Komposition klanglich nuancenreich zu differenzieren vermag. – Der Maler Domingo Antonio de Velasco hat um 1740 den Komponisten am Cembalo stehend mit einem Notenblatt in der Hand in strenger Haltung konterfeit (Alpiarça, Instituição José Relvas). Nach dieser Vorlage haben Alfred Lemoine und August Weger Nachstiche angefertigt. Ein weiteres Porträt ist auf einem Kupferstich von Charles-Joseph Flipart zu finden, das die spanische Hofgesellschaft von 1752 mit Ferdinand VI. darstellt mit einer Musikertribüne, auf der neben J. Herrando und dem Kastraten Farinelli auch Scarlatti zu identifizieren ist.

Benedetto Marcello

Da in einer Porträtanthologie die glorifizierenden Tableauanordnungen von Primadonnen, Komponisten wie Interpreten der Musik nicht fehlen dürfen, Darstellungen, die als Parnaß berühmter Tonkünstler vor allem im 19. Jahrhundert in Mode kamen, sei zur Dokumentation von Benedetto Marcello ein solcher Olymp gewählt. Der Stecher (Scotti?) gab ihm auf dem Blatt den Platz neben Arcangelo Corelli (zweite Medaillonreihe links, zweiter Kopf von links). Der zu Lebzeiten keineswegs selten Porträtierte – etwa in dem bekannten Kupferstich von Antonio Zuliani oder Giacomo Zatta (1780) – war am 24. Juli (oder 1. August) 1686 in Venedig als Abkömmling einer venezianischen Adelsfamilie geboren worden. Nach der musikalischen Ausbildung bei Giuseppe Tartini (Violine), Francesco Gasparini und Antonio Lotti (Komposition) studierte er standesgemäß die Jurisprudenz und wurde 1711 Advokat. Seinen Beruf als Rechtsvertreter übte er bis zu seinem Tode aus. Berühmt wurde Marcello durch die Herausgabe der ‚*Estro poetico-armonico*' einer Sammlung von fünfzig Psalmenvertonungen, die er nach dem Konzept einer Erneuerung der antiken Musik in eine musikalische Neufassung brachte. Er berief sich dabei auf die Praxis der *Camerata Fiorentino,* die bereits in der zweiten Hälfte des 16. Jahrhunderts begonnen hatte, über die Wiederbelebung antiker Musik zu diskutieren. In Marcellos Vertonungen, die von 1724 bis 1726 in acht prächtig ausgestatteten Bänden in Venedig erschienen sind, stützte er sich vermutlich auf einige hebräische Melodien, die ihm als *Cantus firmi* dienten. Als überaus kritischer Beobachter der Zeitläufte hatte er sich schon 1720 in seiner anonym herausgebrachten Schrift ‚*Il teatro alla moda*' ausgewiesen, in der er satirisch gegen die handwerksmäßige Mache der Opern und ihrer Textbücher zu Felde zog. Marcello schuf als „*nobile Veneto dilettante di contrappunto*", wie er sich selbst nannte, vermutlich keine Opern. Er komponierte vielmehr Gebrauchsmusik, die bis heute ihren Reiz nicht verloren hat und zur typischen italienischen Musik dieser Zeit gehört. Er starb am 25. Juli 1739 in Brescia. – Die Parnaßdarstellung mit Medaillons berühmter Tonkünstler, unter ihnen Guido von Arezzo, Giovanni da Palestrina, Gioseffo Zarlino, Georg Friedrich Händel, Domenico Cimarosa und Jean-Jacques Rousseau, dürfte im ersten Jahrzehnt des 19. Jahrhunderts gestochen worden sein (Wien, Gesellschaft der Musikfreunde).

AL NOBIL UOMO IL SIG: MARCH: CAV: GIUS: ANTONIO CORSI
Commend.re nel R. Corpo dei Cavalieri ... di Firenze e Gentiluomo di Camera di S. M. il Re d'Etruria

Silvius Leopold Weiss

Mit mehr als 70 ,Suonaten' und ,Parthien', 11 Konzerten sowie etlichen Sonaten mit Streichern oder Flöte für die elf- oder dreizehnchörige Barocklaute hinterließ Silvius Leopold Weiss das größte Opus, das bislang von einem Komponisten für dieses Zupfinstrument geschrieben wurde. Johann Nikolaus Forkel rühmte 1782 die ,,vortreflichen und schweren Compositionen" dieses Virtuosen, ,,die in dem ächten und körnichten Geschmack geschrieben sind, wie ungefehr die Clavier-Arbeiten des sel. Joh. Seb. Bach". Dieser Vergleich mit dem großen Thomaskantor ist gewiß gerechtfertigt, beide Meister kannten sich persönlich. Silvius Leopold Weiss wurde am 12. Oktober 1686 zu Breslau geboren, dort stand er um 1706/1707 im Dienste des Pfalzgrafen Karl Philipp. Nach 1708 hielt er sich in Italien auf, nach 1715 war er Kammermusiker beim Kurfürsten von der Pfalz. Kunstreisen führten ihn in etliche Zentren der Musikkultur. Seine virtuose Lautenspielkunst kam voll zur Entfaltung nach seiner am 23. August 1718 erfolgten Bestallung zum kurfürstlich sächsischen und königlich polnischen Kammermusikus in Dresden, wo er am 16. Oktober 1750 starb. Hier wirkte er in einem Ensemble, von dem 1784 Johann Adam Hiller behauptete: ,,Keine Kapelle in Europa konnte so viele große Virtuosen aufweisen." Weiss bestach sowohl als Improvisator als auch mit seinen komponierten Fantasien, Fugen oder Suiten, in denen die standardisierten Tanzsätze häufig durch absolut gesetzte Spielstücke ersetzt sind. Weiss hat italienische Kantabilität, den französischen *stile brisé* eigentümlich mit harmonischen und kontrapunktischen Finessen zu verbinden vermocht. Das 1749 in Chemnitz erschienene ,Kurtzgefaßte Musicalische Lexicon' rühmte seine Kunstfertigkeit als ,,den höchsten Grad der Vollkommenheit" dokumentierend, als ,,incomparable" in ,,Exprimirung der Affecten". – Nach einem Gemälde des Porträt- und Miniaturmalers Balthasar Denner (1685–1749) fertigte der zeitweise in Dresden ansässige Bartolomeo Follin den nebenstehenden Stich (Deutsche Staatsbibliothek, Berlin/DDR, 10 × 15,7 cm) des renommierten Lautenvirtuosen.

B: Denner pinx.
Sylvius Leopold Weiss.
Gebohren in Breslau den 12. Octobr. 1686.
Gestorben in Dresden den 18. Octobr. 1750.
Es soll nur Sylvius die Laute spielen.
v: Koenig.

Johann Georg Pisendel

Johann Georg Pisendel galt als der bedeutendste deutsche Violinvirtuose in der ersten Hälfte des 18. Jahrhunderts. Johann Adam Hiller berichtet: „Er war einer der genauesten Anführer eines Orchesters, die man jemals gehabt hat. In seinen jüngern Jahren war er einer der besten Solospieler. Besonders ward der gründliche, nicht mit überflüßigen Zierrathen überhäufte, männliche Vortrag des Adagio an ihm gerühmt." Seine vorzügliche Rolle als streng probender Konzertmeister machte Schule. Geboren am 26. Dezember 1687 in Cadolzburg, begann Pisendel seine Laufbahn 1703 als Streicher in der Ansbacher Hofkapelle. 1710 leitete er in Leipzig das *Collegium Musicum,* von 1712 bis zu seinem Tode am 25. November 1755 diente er als erster Violinist und ab 1728 als Konzertmeister der Dresdener Hofkapelle. 1714 und 1716/1717 hatte er sich zu Studienzwecken in Frankreich und Italien aufgehalten, wo er vor allem zu Vivaldi ein enges freundschaftliches Verhältnis gewann. Die für die Orchestergeschichte produktivste, einen neuen Standard initiierende Zeit seines Lebens begann 1734, als Johann Adolph Hasse die Leitung der Hofkapelle übernahm. Pisendel übte nun mit den Kapellisten gleiche Stricharten und präzise befolgte dynamische Vortragsanweisungen. Zugunsten dieser intensiven pädagogischen Tätigkeit gab er das Komponieren weitgehend auf, so daß „wenig von seiner Arbeit bekannt geworden ist" (Johann Adam Hiller). Pisendel schrieb einige Violinkonzerte, Soli und *Concerti grossi* unter Berücksichtigung von Mustern Vivaldis, die seit 1717 in Dresden bevorzugt musiziert wurden. Vivaldi widmete seinem Schüler wegen dieser Anhänglichkeit mehrere seiner Kompositionen. – Die hier wiedergegebene Zeichnung von Frank (Deutsche Staatsbibliothek, Berlin/DDR) entstammt dem Nachlaß von Carl Philipp Emanuel Bach. Im Nachlaßverzeichnis findet man dazu die Bemerkung: „Pisendel ... Gezeichnet von Franke, sehr ähnlich. 4. In goldenen Rahmen, unter Glas."

Giuseppe Tartini

Der *„celeb. sonatore di violino e scrittore di musica“* Giuseppe Tartini begründete eine nach ihm benannte Geigenschule, die, pädagogisch vorbildlich wirkend, bis ins 19. Jahrhundert hinein Schüler aus ganz Europa anzog und prägte. Er wurde am 8. April 1692 in Piran (Istrien) geboren, wo ein Denkmal inmitten der heute jugoslawischen Stadt an ihn erinnert; gestorben ist er am 26. Februar 1770 in Padua. 1708 bezog er die Universität zu Padua zwecks juridischer Studien. Anschließend übte er sich im Violinspiel, trat in Ancona und Venedig damit öffentlich auf, bis er 1721 an der großen Antoniuskirche zu Padua, *‚Il Santo‘*, als *„primo Violino, e Capo di concerto“* eine dankbare Wirkungsstätte fand. In dieser Anstellung gestand man ihm freizügig zu, sich als Virtuose an vielen Orten konzertierend hören zu lassen. Die ‚Tartini-Schule‘ begann nach 1727 aufzublühen; daneben kam es zu einer vermehrten Drucklegung von Violinkonzerten, Solosonaten, Sinfonien, Quadri, Triosonaten und geistlichen Vokalwerken. Zu vielen Kompositionen von Arcangelo Corelli und anderen Meistern schrieb er die Auszierungen aus, entsprechend der Virtuosität seines galanten Spiels. Seine hervorragende Stellung als Lehrmeister nutzte er außerdem dazu, mehrere Werke zur Theorie und Aufführungspraxis zu publizieren, die von den Zeitgenossen freilich heftig befehdet wurden. Genannt seien der *‚Trattato di musica secondo la vera scienza dell'armonia‘* (1753) sowie *‚De' principi dell'armonia musicale contenuto nel diatonico genere‘* (1767), in denen ihm die empirisch gewonnene Feststellung der Kombinationstöne gelang. Die emphatische ‚Teufelstriller-Sonate‘ (um 1740), die Tartini mit ihren von Doppelgriffen begleiteten Trillern angeblich im Traum eingegeben wurde, gehört zu den bekanntesten Stücken. – Der nebenstehende Stich von Carlo Calcinotto aus Padua (Mailand, Civica Raccolta delle Stampe Archille Bertarelli, 20 × 13 cm) wurde abgedruckt in der *‚Orazione del Signor Abate Francesco Fanzago, Padovano. Delle lodi di Giuseppe Tartini recitata nella Chiesa de RR. PP. Serviti in Padova li 31 di marzo l'anno 1770. In Padova, Stamperia Conzotto, 1770.‘* Die dem Bildnis beigegebenen Bücher nebst der Violine verweisen auf Plato, Zarlino und Corelli als den verpflichtenden Vorbildern für den Geigenvirtuosen und Theoretiker; es wurde möglicherweise nach einem Porträt von V. Rota (1761) gestochen.

IOSEPH TARTINI
Corelli
ZARLINO
PLATO
Hic fidibus, scriptis claris hic magnus alumnis,
Cui par nemo fuit, forte nec ullus erit.
Tartini haud potuit ueracius exprimi imago: Siue lyram tangat, seu meditetur, is est.

Pietro Antonio Locatelli

Seit etwa 1969 gilt ein gesteigertes Interesse dem Geigenvirtuosen und Komponisten Pietro Antonio Locatelli, während er nach seinem Tod am 30. März 1764 zu Amsterdam nur noch relativ wenig Beachtung gefunden hatte. Locatelli wurde am 3. September 1695 in Bergamo geboren und erhielt seine Ausbildung zum *virtuoso* auf der Violine bei einem Geiger an der *Scola* der Kirche Santa Maria Maggiore in Bergamo. Sechzehnjährig verließ er seine Heimatstadt, um nach Rom zu gehen: „*per approfitare nella sua professione*", wie es im Empfehlungsschreiben der bergamaskischen Behörden hieß. Dort soll er Schüler von Arcangelo Corelli geworden sein. Details seines Lebens in dieser Stadt, aus der er nach ausgedehnten Reisen als Virtuose 1729 in seine Wahlheimat Amsterdam überwechselte, sind derzeit nicht ermittelbar. Ein Grund, sich in der reichen Handelsstadt niederzulassen, war sein Kontakt zu dortigen Verlegern, bei denen er seine Werke zu publizieren beabsichtigte. Sein op. I ‚*XII Concerti grossi a 4 e a 5, con 12 Fughe*' war dort bereits 1721 herausgekommen. Ohne höfische oder kirchliche Funktion konnte sich Locatelli ausschließlich der Komposition widmen. Finanziell unabhängig, führte er das Leben eines freien Mannes, der seine Veröffentlichungen planvoll überwachte und über eine überdurchschnittliche Bildung verfügte, die ihn zum Sammler von Kunstschätzen und Besitzer einer bedeutenden Bibliothek werden ließ. Unter seinen neun *Opera* nimmt sein op. III ‚*L'Arte del Violino, 12 Concerti cioe, Violino solo, con 24 Capricci ad libitum*' (1733) eine besondere Stellung ein. Es stellt ein Kompendium moderner Virtuosität dar. – Als gefeierter, wenn auch zurückgezogen lebender Künstler und Gelehrter ist Locatelli wiederholt porträtiert worden. Die Reihe der Bildnisse, die sich in seinem Nachlaß fanden, haben unterschiedliche Qualität; sie beginnt mit dem Werk des Malers Cornelis Troost, der beim Amsterdamer Bürgertum ein gesuchter Porträtist war. Er dürfte den Musiker 1729 gemalt und nach diesem heute verlorenen Pastellbildnis nebenstehendes Schabblatt gefertigt haben, das 1736 zum Verkauf angeboten wurde. Es hing bis zum Tode Locatellis in dessen Wohnung. Der Musiker ist umgeben von seinen bereits erschienenen Werken und einem Notenblatt, auf dem die Anfangstakte der Doppelfuge aus dem *Concerto grosso* op. I,8 zu erkennen sind (Amsterdam, Rijksmuseum-Stichting).

L'Arte del Violino
PIETRO LOCATELLI
da Bergamo

Jean-Marie Leclair

Aus einer Lyoneser Musikerfamilie heraus entwickelten sich die schöpferischen Fähigkeiten von Jean-Marie Leclair *l'aîné*, der am 10. Mai 1697 geboren wurde. Er begann wie sein Vater in Lyon als Bortenwirker und als Tänzer an der Oper, ab 1716 war er dort auch gemeinsam tätig mit seiner Frau Marie-Rose Castagnié. 1722 engagierte ihn das Theater in Turin als Ballettmeister und ersten Tänzer. 1723 löste er jedoch bereits diese Verpflichtung, er übersiedelte nach Paris und publizierte dort ein ‚*Premier livre de Sonates à Violon seul*'. Leclair wurde ein erfolgreicher Konzertgeiger und 1734 auch Mitglied der königlichen Kapelle; Streitigkeiten und Rivalitäten verleideten ihm um 1736 allerdings diesen Tätigkeitsbereich. Leclair wich in die Niederlande aus, wo die Prinzessin Anna von Oranien seine erste Gönnerin wurde. 1743 lebte er abermals in Paris und wurde 1745 Hofmusiker in Chambéry beim Infanten Don Philippe. Sein Leben endete durch Totschlag am 22. Oktober 1764. Jean-Marie Leclair war ein im Großbürgertum und beim Adel sehr geschätzter Geigenvirtuose mit einer selbstgeprägten Spielpraxis, die auch in seine 49 Violinsonaten mit Generalbaß eingearbeitet ist. Es sind dies Kammersonaten mit den Tanzsätzen Allemande, Courante, Air, Sarabande, Gavotte, die besonders innerhalb der französischen Violinliteratur von tonangebender Bedeutung gewesen sind. In seinen reich verzierten Solokonzerten wendete er die dreiteilige italienische Satzfolge Allegro – Adagio – Allegro an. „*Récréation*" war ein erklärtes Ziel seiner musikalisch effektvollen Bemühungen. – Auf dem Crayonstich von Jean-Charles François nach Alexis Loir (1741) hält Leclair deutlich ein Notenblatt mit einem Allegro aus einer Violinsonate in der Hand (Paris, Bibliothèque Nationale). Leclair wurde von den Zeitgenossen als ein sich reserviert verhaltender Musiker geschildert, der im Alter zunehmend der Misanthropie verfiel.

Johann Joachim Quantz

Ein heute viel gelesener und musizierter Autor ist Johann Joachim Quantz, der Meister des Flötenspiels. Geboren am 30. Januar 1697 in Oberscheden bei Göttingen, wuchs er in Merseburg bei einem Onkel auf, der ihn in die mitteldeutsche Stadtpfeifertradition einwies. Er erlernte das Spiel auf mehreren Instrumenten und wandte diese Fertigkeit ab 1714 in kleineren Orten an. 1716 gewann er in Dresden Anschluß an die Hofmusik, womit sich ihm gleichzeitig der Zugang zur Musik der damals dominierenden Italiener eröffnete. Von 1724 bis 1726 bereiste er Italien und anschließend Frankreich, Holland und England, wonach er als Querflötist der königlich polnischen Kapelle sowie ab 1741 als Kammermusiker, Lehrer und Freund König Friedrichs II. von Preußen sich in Potsdam betätigte, vertraut mit allen „Geschmäckern" in Europa. Potsdam und Berlin blieben fortan bis zu seinem Tode am 12. Juli 1773 die favorisierten Wirkungsorte. Da er den König, der ihn anderen Musikern vorzog, zeitweise täglich zu unterrichten und mit Spielstücken zu versorgen hatte sowie dessen Hauskonzerte leitete, steht Quantz mit seinem produktiven Wirken vornehmlich ein für das musikalisch eigentümliche, friderizianische Gepräge der dortigen, ästhetisch, formal und inhaltlich jedoch bald stagnierenden Kammermusikpraxis in engstem Kreis. Quantz verfaßte mehr als 300 Flötenkonzerte, etwa 200 Sonaten, einige wenige Arien, Oden und ‚Neue Kirchenmelodien zu denen geistlichen Liedern des Hrn. Prof. Gellert' (1760). Eng schloß er sich an die Strukturen Antonio Vivaldis an; den sogenannten „gemischten Geschmack" seines Dienstherrn befriedigte er mit seinen Kompositionen zeitlebens willig, galant unterhaltend und ohne sonderliche innovatorische Absichten. Die nachhaltigste Wirkung erzielte Quantz indessen weniger mit diesen angepaßten, bereits um 1770 von Beobachtern als „alt und gemein" (Charles Burney) eingeschätzten Kompositionen als vielmehr mit seinem 1752 gedruckten ‚Versuch einer Anweisung, die Flöte traversière zu spielen', die zu den meistgelesenen Kompendien des 18. Jahrhunderts zählt. – Die erhaltenen Bildnisse zeigen stets einen großgewachsenen, etwas derbknochigen und bieder wirkenden Mann. Der hier abgebildete Kupferstich von dem in Berlin tätigen Johann David Schleuen dem Älteren (Wien, Gesellschaft der Musikfreunde) zeigt den Flötisten in Hoflivree mit der Traversflöte, Notenblättern, Feder und Tinte.

IOHANN IOACHIM
QUANZ

Johann Adolf Hasse

Die Wirklichkeit der italienischen Oper in der Bindung an Libretti von Pietro Metastasio und Apostolo Zeno innerhalb der deutschen Theaterszene ist vornehmlich verknüpft mit den Bühnenwerken von Johann Adolf Hasse. Dieser Komponist wurde am 23. oder 24. März 1699 in Bergedorf bei Hamburg in einer ehemals in Lübeck ansässigen Organistenfamilie geboren. 1718 debütierte er als Tenor an der Hamburger Oper, womit er dem angestammten Tätigkeitsbereich innerhalb der dienenden Kirchenmusik entwuchs. 1719 sang er in Braunschweig, wo mit ihm in der Titelrolle seine erste Oper ‚Antioco' dargeboten wurde. Der zeitüblichen Italianisierung nachstrebend, wandte er sich 1722 nach Neapel, wo er auf dem Theater Erfolge verbuchen konnte. 1727 wurde Hasse Kapellmeister am *Conservatorio degli Incurabili* in Venedig, wo er 1730 die Primadonna Faustina Bordoni (siehe S. 56) heiratete, mit der er ab 1731 in Dresden, als „Kgl. Polnischer und Kurfürstlich Sächsischer Kapellmeister" ausgezeichnet, Triumphe feiern konnte. Da man ihm großzügig Urlaube gewährte, wuchs das Ansehen des frei schaffenden italienischen *„compositore scritturato"* durch Gastspiele in London, Wien, Paris, Venedig, München und anderen Orten noch zusätzlich. Den Lebensabend verbrachte das gefeierte Künstlerpaar zurückgezogen in Venedig, wo Hasse am 16. Dezember 1783 starb und in der Kirche San Marcuola beigesetzt wurde. Bezeichnend für den Konservativismus des aufgeklärten Komponisten, der seine Werke zumeist schematisch anlegte, ist es, daß ein in ähnlicher Weise bereits früh stilistisch doktrinär festgelegter Musiker, König Friedrich II. von Preußen, zu seinen Bewunderern gehörte. Hasse diente mit seiner spätneapolitanischen Opernkunst galant, empfindsam, zuweilen auch sich erhaben-pathetisch gebend und an das Konvenable haltend, der Feudalkultur des *ancien régime.* In 56 *Opere serie,* davon nicht weniger als 32 mit Libretti von Metastasio, Oratorien und Kammermusiken beharrte er als *„caro Sassone"* bei rationalistischen, den Affektausdruck typisiert suchenden Strukturprinzipien und Gattungstypen. – Nach Charles Burney war Johann Adolf Hasse einer der „elegantesten und einsichtsvollsten" Komponisten des 18. Jahrhunderts. Dies spiegelt ein nach Pietro Antonio Rotari von Lorenzo Zucchi in Dresden hergestellter Kupferstich deutlich wider (Wien, Gesellschaft der Musikfreunde).

C. P. Rotari pin.
L. Zucchi sc. Dresda
GIO. ADOLFO HASSE DET. IL SASSONE
Primo Maestro di Cappella di S.M.
Il Re di Polo. Elet. di Sas. &c. &c.

Faustina Bordoni-Hasse

Im 18. Jahrhundert feierten vor dem Hintergrund der Blüte einer pompösen höfischen Kultur und des Absolutismus einige der eitlen Primadonnen und honorarsüchtigen Kastraten besonders glanzvolle Bühnentriumphe. Zu diesen im Genuß des Starkults stehenden Virtuosen des *Bel Canto* gehörte die 1700 in Venedig geborene Faustina Bordoni (Hasse), deren europäische Karriere als Mezzosopranistin bereits mit dem sechzehnten Lebensjahr begann. Protegiert von venezianischen Patriziern, debütierte sie 1716 in ihrer Geburtsstadt in der Oper ‚*Ariodante*' von C. F. Pollarolo. Sie sang sodann in Mailand, Bologna, Florenz, Rom und Neapel; ab 1723 trat sie erstmals auch in Deutschland auf, 1725 in Wien sowie im *Haymarket Theatre* zu London, wo sie über ihre Rivalin aus den Venezianer Tagen Francesca Cuzzoni triumphierte. Diese Auseinandersetzung zog sie in das damals in England um Händel tobende Parteiengezänk um die Vorherrschaft auf der Opernbühne hinein. Die künstlerische Eifersucht der als „*la nuova sirena*" Gefeierten führte gar zu einem die Sensationslust befriedigenden Skandal, bei dem sich die beiden Sängerinnen auf offener Szene in die Haare gerieten. Nach weiteren Gastspielen in Frankreich kehrte sie nach Venedig zurück, wo sie 1730 den Komponisten und Hofkapellmeister Johann Adolf Hasse (siehe S. 54) heiratete. Ihm folgte sie an den Hof zu Dresden als dessen bravouröse Interpretin von Opernpartien, Kantaten und Arien, die im italienischen Gusto geschrieben waren. Am 23. Februar 1751 trat sie in der Oper ihres Gatten ‚*Ciro riconosciuto*' zum letzten Male auf der Bühne auf. Sie starb am 4. November 1781 in Venedig. Faustina Bordoni-Hasse war eine stolze, selbstbewußte venezianische Nachtigall, die als Naturbegabung „zum Singen und zur Aktion gebohren war" (Friedrich Wilhelm Marpurg). Sie war eigensinnig reizend, rundlich gewachsen, in Trillern und Schwelltönen einzigartig brillierend. Die zu ihrer Zeit sehr geschätzte Bildkünstlerin Rosalba Carriera (1675–1757) hat die Primadonna 1724 und 1725 porträtiert. Eines dieser Bildnisse dürfte das nebenstehende Pastellbild sein (Dresden, Staatliche Kunstsammlungen, Gemäldegalerie Alter Meister, 30 × 26,5 cm). In jugendlicher Schönheit und an Erfolg bereits gewöhnter Würde präsentiert sich auf diesem Blatt die junge Sängerin mit einem Lorbeerkranz im Haar, nachdem sie bereits 1723 in Florenz durch Gedenkmedaillen geehrt worden war.

Carl Heinrich Graun

Die sogenannte ‚Berliner Schule' wird vorzüglich vertreten durch Carl Heinrich Graun sowie dessen Bruder Johann Gottlieb. Ersterer wurde bereits zu Lebzeiten als ein „Vater unsrer Harmonie" hoch geehrt. Geboren 1703 oder 1704 zu Wahrenbrück (Sachsen), wuchs er ab 1714 an der Kreuzschule zu Dresden heran. 1725 begann er eine erfolgreiche Karriere als Tenor an der Braunschweiger Oper, wo er zum Vizekapellmeister aufrücken konnte. Hier schrieb er außerdem Kammermusikwerke, italienische Kantaten sowie mehrere Opern. 1735 engagierte ihn der Kronprinz, der nachmalige König Friedrich II. von Preußen, an seinen Hof nach Rheinsberg/Berlin. Als erster Kapellmeister des königlichen Freundes und Schülers reiste er 1740 nach Italien, um dort die zur Gründung einer Oper in Berlin benötigten Sänger und Sängerinnen in Dienst zu nehmen. Das von Georg Wenzeslaus von Knobelsdorff errichtete Opernhaus konnte 1742 mit Grauns Oper ‚*Cesare e Cleopatra*' eröffnet werden. Fortan schrieb er 17 weitere Opern im modischen italienischen, an Koloraturen reichen Stil mit Texten von Pietro Metastasio, Apostolo Zeno, Friedrich dem Großen und anderen. Daneben unterstützte er bis zu seinem frühen Tode am 8. August 1759 auch die Ziele der ästhetisch auf Simplizität festgelegten Berliner Liederschule zum Beispiel mit den 1761 gedruckten ‚Auserlesenen Oden zum Singen beym Clavier'. Die militärischen Triumphe seines königlichen Gönners feierte er mit ‚*Battaglia*' betitelten Cembalostücken von konservativem Zuschnitt. Nachhaltig am berühmtesten wurde Carl Heinrich Graun durch die Passionskantate ‚Der Tod Jesu' von 1755 (Text von Karl Wilhelm Ramler), die als frühes Zeugnis religiöser Empfindsamkeit während der Aufklärung im protestantischen Deutschland jene Beliebtheit gewann, die nach 1829 Bachs ‚Matthäuspassion' entgegengebracht wurde, ein Werk, das Grauns früheres Gegenstück in der Breitenwirkung ablöste. – Carl Heinrich Graun wurde von einigen Bildhauern und Malern konterfeit. Christian Rauch gab ihm an dem Reiterstandbild Friedrichs des Großen einen seinem geschichtlichen Rang entsprechend bevorzugten Platz. Nach einem Gemälde von Andreas Möller fertigten einige Stecher Porträtkupfer an, darunter 1752 in Nürnberg Valentin Daniel Preissler (Coburg, Kunstsammlungen der Veste, Inv. Nr. III, 204, 40, 32,3 × 21,6 cm), der dem Schabkunstblatt eine Kurzbiographie beigab.

José António Carlos de Seixas

Den produktiven Anteil Portugals an der europäischen Musikkultur des 18. Jahrhunderts repräsentiere in dieser Auslese – vor allem auch wegen eines bemerkenswert singulären Bildnisses – José António Carlos de Seixas (geboren am 11. Juni 1704 in Coimbra, gestorben am 25. August 1742 in Lissabon). Sein Vater Francisco Vaz war als Domorganist tätig und bildete ihn gründlich aus. Nach dessen Tode übernahm er vierzehnjährig bereits dieses kirchliche Amt. 1720 übersiedelte er nach Lissabon, wo er unter der Leitung von Domenico Scarlatti als Organist und Cembalist in der königlichen Hof- und Domkapelle wirkte. Er gelangte auch durch Erteilung von Privatunterricht zu Reichtum und Ansehen, das ihm bis an sein Lebensende gezollt wurde. Als Klavierist komponierte de Seixas vornehmlich Sonaten, auch *Tocatas* bezeichnet, für Orgel, Cembalo oder Clavichord. Er gehörte neben Johann Sebastian Bach zu den ersten Komponisten, die das dreisätzige Konzert für Cembalo und Streicher als Gattung etablierten. Sein Spiel wird als introvertiert, zuweilen auch als melancholisch bedrückt beschrieben. Fugierte Schreibweise und kontrapunktische Künsteleien mied er. Sein leichter, empfindsamer Stil hat besonders in Portugal Schule gemacht. – Ähnlich wie der Italiener Niccolò Jommelli auf einem Gemälde in der Sammlung des Padre Martini in Bologna nach Art des Apollo mit der antiken Leier abgebildet worden ist, so hat auch Francisco Vieira de Matos den portugiesischen Komponisten und Musiker göttergleich in antikisierender Drapierung und steifer Posierung dargestellt; das Gemälde ist verschollen. Einen Nachstich fertigte Jean Daullé (gestorben 1763) in Paris an (Kassel, Bärenreiter-Verlag). Schreibend steht de Seixas neben einem Cembalo. Orgelpfeifen zieren den Hintergrund, ein Ruhmesstern erleuchtet seinen Geist, eine auszeichnende Medaille schmückt die Brust.

JOSEPHUS ANTONIUS CARLOS & SEYXAS Vixit Annos 36. Obiit die 25. Augusti Anno 1742.

Giovanni Battista Martini

Als ein international hoch geschätzter Musikforscher, Lehrer und Komponist hat sich Giovanni Battista Martini (genannt Padre Martini) ein bleibendes Gedenken erworben. Er wurde am 24. April 1706 in Bologna geboren, wo er vom Vater musikalisch ausgebildet wurde und später Schüler von Angelo Predieri und Giovanni Antonio Ricieri werden konnte. 1721 trat er in den Franziskanerorden ein, betätigte sich als Kapellmeister an San Francesco und wuchs bald zu einer Autorität in Theorie sowie Kontrapunkt heran. Selten verließ er Bologna, er stand jedoch mit vielen illustren Partnern in einem regen Briefwechsel. Padre Martini trug in seinem Kloster eine umfangreiche musikalische Bibliothek von etwa 17000 Bänden und eine der größten Bildnissammlungen von Musikern zusammen, die er als Historiker verehrte oder die er als Freunde und Schüler persönlich kennenlernte. Unter diesen befanden sich zum Beispiel Niccolò Jommelli, Johann Christian Bach, 1770 auch der junge Wolfgang Amadeus Mozart; sie nahmen bei ihm Unterricht und hinterließen zum Dank ihr Porträt. Martini starb am 4. Oktober 1784 in seiner Geburtsstadt. Als Komponist hielt Martini am strengen Kontrapunkt des *stile antico* getreulich fest; ebenso beharrte er darauf, die Musik traditionell mathematisch zu begründen. Freilich verschloß er sich daneben, etwa in Sonaten für das Cembalo von 1747, nicht gegenüber den Ausdrucksmitteln des galanten Stils seiner Zeit. Er schrieb sowohl Rätselkanons nach alter gelehrter Manier als auch satirische Intermezzi für die Bühne, Solokonzerte und Sinfonien. Unter seinen Schriften sind von bleibendem Interesse die dreibändige, lediglich die Musik des Altertums darstellende ‚*Storia della musica*‘ (Bologna 1757, 1770, 1781) sowie das zweibändige Werk ‚*Esemplare o sia saggio fondamentale pratico di contrappunto sopra il canto fermo*‘ (Bologna 1773–1775). Hierin finden sich aus der Feder von Komponisten seit dem 16. Jahrhundert ausgesuchte Beispiele, die als Vorbilder für den nach Ansicht des Padre Martini zu bewahrenden, *cantus-firmus*-gebundenen Palestrinastil dienlich sein können. Auch in seinem von vielen gesuchten Unterricht stand das Studium der Meisterwerke der Polyphonie im Vordergrund. – Das nicht signierte Gemälde zeigt den geistig wachen und heitren Franziskanermönch mit Büchern und Notenblättern (Bologna, Civico Museo Bibliografico Musicale).

Franz Xaver Richter

Die Geschicke der Mannheimer Hofmusik wurden nach dem frühen Tod von Johann Stamitz 1757 außer von Christian Cannabich von Franz Xaver Richter geleitet. Dieser war, wie viele seiner Kollegen in böhmischer Musiktradition aufgewachsen und ausgebildet, 1747 als Sänger und Violinist in die Kapelle gekommen. Am 1. Dezember 1709 in Holleschau (Holešov) in Mähren geboren, war er ab 1740 in der Kapelle des Fürstabts von Kempten angestellt gewesen, bevor er nach Mannheim überwechselte. 1769 folgte er einem Ruf als Kapellmeister an das Straßburger Münster und wurde Nachfolger Joseph Garniers. In dieser Funktion, als *Maître de Chapelle de la Cathédrale,* hat ihn 1785 Christophe Guérin porträtiert. Wie allgemein damals üblich, dirigiert Richter mit einer Notenrolle, den Blick in den Kirchenraum gerichtet, von der Empore des Münsters aus, deren Brüstung für den Betrachter gut sichtbar ist, eines seiner Kirchenmusikwerke. Damit ist auf die Tatsache verwiesen, daß er sich in diesem seinem zweiten Schaffensabschnitt nahezu ausschließlich dem Komponieren geistlicher Musik zu widmen hatte. Er schrieb bis zu seinem Tode am 12. September 1789 durchweg mit Orchester besetzte – es ist hier durch einen Geiger angedeutet – oder auf einen Orgelpart gestützte geistliche Werke: über 30 Messen, zwei Requiems, etwa 50 Motetten, Kantaten, Passionen und Lamentationen, während er vorher in Mannheim überwiegend instrumentale Werke komponiert hatte. Diese Sinfonien, Klavierkonzerte, Kammermusiken und Sonaten für diverse Instrumente haben die vormozartsche Zeit geprägt; durch sie wurde Richter zu einem der Hauptrepräsentanten der Mannheimer Komponistengeneration. Dabei gehört sein „singendes Allegro" (Hugo Riemann) ebenso zu seinen Eigenheiten wie eine überraschende Harmonik. Auf dem hier vorgestellten Stich wird Richter gleichfalls als der strenge Lehrmeister wiedergegeben, der er für etliche Schüler – unter ihnen wahrscheinlich auch Carl Stamitz – war (Mannheim, Städtisches Reiss-Museum). Die Erfahrung aus seiner Lehrtätigkeit ließ er in seine ‚Harmonische Belehrung oder gründliche Anweisung zur musikalischen Tonkunst' einfließen, die erst 1804, von Christian Kalkbrenner übersetzt und überarbeitet, als *‚Traité d'harmonie et de composition'* im Druck erschienen ist.

Franz Benda

Zu den wenigen Musikern, die dem recht eigenwilligen preußischen König Friedrich II. über Jahrzehnte hinweg treu ergeben blieben und damit zu den Hauptvertretern der sogenannten ‚Berliner Schule' gezählt werden, gehört Franz Benda (František). Dieser entstammt einer in Böhmen beheimateten Familie (katholisch getauft am 22. November 1709 in Neu-Betanek, gestorben am 7. März 1786 in Potsdam). Er wuchs auf als wandernder Chorknabe, der mehrmals die Flucht ergriff. In Dresden und Prag erlernte er das Violinspiel, worin er es zu einzigartiger Meisterschaft brachte. Er lebte und musizierte in Wien und Warschau, wurde 1733 Protestant und beendete das vagierende Dasein als singendes sowie geigendes Mitglied der Kapelle des Kronprinzen Friedrich von Preußen in Ruppin. Hier vervollkommnete er mit Hilfe der Brüder Graun und von Johann Joachim Quantz seine sängerischen und kompositorischen Fähigkeiten und wurde 1741 „*Premier Violon de Chambre*" am Hofe des Preußenkönigs zu Potsdam, der ihn 1771 zum „*Maître de Concert de Sa Majesté le Roi de Prusse*" ernannte. Ein zunehmend Lähmungen verursachendes Gichtleiden verwehrte ihm allerdings in den letzten Lebensjahren jegliche musikalische und pädagogische Tätigkeit. Der hier abgebildete Kupferstich von Friedrich Wilhelm Skerl (1752–1810) aus dem Jahre 1783 (Wien, Gesellschaft der Musikfreunde) läßt die Schwere dieses Altersleidens deutlich erkennen. Franz Benda war ein virtuoser Geiger mit einer eigentümlichen, von den Italienern sich unterscheidenden Spielweise. Die Zeitgenossen lobten vor allem das „edle Singbare" sowie seinen Adagio-Vortrag, der viele empfindsame Hörer seiner Zeit zum Weinen anregte. Diese Kantabilität übertrug er auf das gesamte Orchester in Potsdam und gab diese vom „guten Singen" her gewonnene Spielart an viele berühmte Schüler wie Adam Veichtner oder Friedrich Wilhelm Rust weiter. Er begründete damit eine als deutsch geltende Schule des Violinspiels. In 127 Capricen für die Violine hat er diese Praxis für Studienzwecke fixiert. Daneben verfaßte er als höfische Dienstleistung für die Kammerkonzerte seines Herrn 15 Konzerte, etwa 100 meist galante Violin- und Triosonaten sowie andere Kammermusiken. „Starke und fugierende", also „gearbeitete Sachen" gelangen ihm weniger gut. Es war vielmehr seine Stärke, das Musikantische seiner Herkunft in einen die Oberstimme betonenden Satz einzubringen.

François Benda
Maitr de Concert de Sa Majeste le Roi de Prusse

Karl Joseph Riepp

Als ein selbstbewußter, bekannter und weithin verehrter Vertreter des Instrumentenbaus im 18. Jahrhundert, der nahezu in allen Musikzentren einen großen Aufschwung genommen hatte und sich den gewandelten Klangidealen mit neuen Erfindungen anzupassen suchte, möge hier Karl Joseph Riepp vorgestellt sein. Dieser Repräsentant der süddeutschen Orgelbaukunst war neben der Familie Silbermann ein Meister, der wichtigste Dokumente aus der Zeit der Hochblüte des Orgelbaus hinterlassen hat. Riepp wurde am 24. Januar 1710 in Ottobeuren geboren und lernte bei Andreas Silbermann, der 1701 nach Straßburg übersiedelt war. Mit dem gleichfalls zu einem bedeutenden Orgelbauer herangebildeten ältesten Sohn seines Lehrmeisters, Johann Andreas Silbermann, verband ihn eine Freundschaft, die zu regem Gedankenaustausch über bautechnische Probleme führte. Riepp ging 1735 nach Frankreich und wirkte ab 1742/1743 gemeinsam mit seinem Bruder Rupert in Dijon. Von dort leitete er seine Orgelbauten in Salem, vor allem aber in der Abtei Ottobeuren, deren große Dreifaltigkeitsorgel auf der Epistelseite ebenso wie deren kleinere Heilig-Geist-Orgel auf der Evangelistenseite zu den bedeutendsten Orgelschöpfungen Süddeutschlands gehören. Sie sind Beispiele affektbetonter Klanglichkeit mit fülligen Registern nach französisch orchestralem Vorbild. Seiner Werkstatt, aus der immer drei seiner Gesellen an die Auftragsorte geschickt wurden, entstammte Johann Nepomuk Holzhay, der zu den letzten namhaften Vertretern der oberschwäbischen Orgelkunst dieser Zeit wurde und ebenfalls eine Werkstatt in Ottobeuren unterhielt. Die zahlreichen Orgeln, die restaurierten oder umgebauten Instrumente Riepps, sind heute relativ gut erhalten. Zu seinen bekanntesten Orgeln gehören diejenigen von Dijon, Autun, Salem und Besançon. – Als Weingutsbesitzer und Weinhändler war Riepp ein begüterter Mann, der sich mehrmals porträtieren ließ. Eines dieser in Öl gemalten Bildnisse, ein anonymes, den bürgerlichen Wohlstand repräsentierendes Familienporträt von 1766, sei hier wiedergegeben, auf dem die ganze Orgelbauerfamilie festgehalten ist (Benediktiner-Abtei Ottobeuren). Ein weiteres Porträt (ebenfalls Benediktiner-Abtei Ottobeuren) zeigt den überaus geachteten Mann mit einem Monochord. Während jenes auf seine Tätigkeit als Orgelbauer Bezug nimmt, verweist das hier gezeigte auf Bildung und Liebe, Hausmusikpraxis und Erfolge.

Thomas Augustine Arne

Auch der Karikatur sei in diesem Band ein Platz eingeräumt, und zwar am Beispiel des beliebten englischen Komponisten Thomas Augustine Arne. Dieser wurde am 12. März 1710 in London geboren. Hier wuchs er auf in einer Umwelt, in der Händels Musik einen beherrschenden Rang einnahm. Ab 1733 komponierte auch er für die Bühne Lincoln's Inn Fields; er heiratete eine Sopranistin, die öfter in Händels Oratorien sang. Arne komponierte vor allem Bühnenmusiken zu Dramen Shakespeares, Oratorien und *Masques,* die viel Anklang fanden. Auch für Konzerte im Freien, zum Beispiel für Aufführungen im Vergnügungspark in Vauxhall, in dem eine Statue Händels aufgestellt wurde (siehe S. 36), verfaßte er divertierende Stücke und *Songs.* 1759 ernannte ihn die Universität Oxford zum *Doctor of Music.* Seine Musik war schlicht und leicht einprägsam. Seine Versuche, es der Art der italienischen *Opera seria* gleichzutun, mißlangen freilich. Arne starb in London am 5. März 1778. Sein Sohn Michael (1740–1786) verfolgte als Sänger und Komponist dieselbe populare Tendenz. – Thomas Augustine Arne war eine schlank gewachsene Erscheinung, deren Abbild wirklichkeitsgetreu überliefert ist (siehe die Abbildungen in dem Katalog zu den Sammlungen des Händel-Hauses in Halle, 2. Teil, 1962, S. 28ff.). Der hier wiedergegebene Kupferstich mit Wasserfarbenkolorierung nach Francesco Bartolozzi von etwa 1770 zeigt den Komponisten karikiert an einer Hausorgel stehend (London, National Portrait Gallery, Inv. Nr. 1130, 27,9 × 22,2 cm). Auf dem Notenpult liegt die Melodie von ‚*Rule Britannia*', die aus dem Finale seiner ‚*Masque of Alfred*' stammt, die am 1. August 1740 bei einer vom Prinzen von Wales veranstalteten Geburtstagsfeier gespielt worden war. Die Melodie wurde seither weit verbreitet und von vielen Komponisten (so etwa von Beethoven) bearbeitet. Die Devise „*Harmony and Sentiment*" persifliert diese publikumswirksame Erfolgsträchtigkeit des anpassungsbereiten Komponisten.

Wilhelm Friedemann Bach

Johann Sebastian Bach hinterließ fünf schöpferisch begabte Söhne. Der älteste war Wilhelm Friedemann Bach, genannt der „Hallesche Bach". Dieser wurde am 22. November 1710 in Weimar geboren; er besuchte Schulen in Köthen und Leipzig, studierte 1729 Jurisprudenz, Philosophie und Mathematik, womit ihm innerhalb der Bach-Familie die Etablierung im gebildeten mittleren Bürgertum und damit der Absprung aus der Stadtpfeifer- und Organistentradition gelang. Die sozialgeschichtlich wichtige, teilweise gelungene Emanzipierung aus herkömmlichen Einbindungen hat dieser Bach-Sohn allerdings nicht voll zu seinem Vorteil zu nutzen vermocht. Sein Vater förderte ihn zwar durch eine gediegene, die Einbildungskraft anregende musikalische Erziehung; Wilhelm Friedemann wurde 1733 Organist an der Sophienkirche in Dresden und 1746 Kantor an der Liebfrauenkirche in Halle; indessen geriet er hier ab 1750 wegen Amtsversäumnissen in zunehmendem Maße mit der Obrigkeit in Konflikt. Als brillanter Tastenspieler nahm er die Attitüde eines Virtuosen an, wovon ein in Halle entstandenes, Wilhelm Weitsch zugeschriebenes Bildnis zeugt (Halle, Staatliche Galerie Moritzburg). 1764 wurde er aus dem Dienst entlassen. Fortan lebte er unabhängig als Klavierlehrer und konzertierender Organist. 1770 mußte er gar Halle verlassen, woraufhin er ungesichert und ohne künstlerische Erfolge in Braunschweig sowie in Berlin lebte. Vergessen und verarmt starb er am 1. Juli 1784. Wilhelm Friedemann Bach hat sich in etwa 60 Klavier- und Orgelwerken, Cembalokonzerten, Sinfonien, Kirchenkantaten und anderem mehr als ein betont originell sich gebendes Genie dokumentiert. So wie er an der bürgerlichen Realität seiner Zeit zerbrach, so fanden auch seine Kühnheiten in der Konzeption musikalischer Kunstwerke keine überragende Ausgestaltung. Überschwang im Gefühl, Unausgeglichenheit und Unstetigkeit hinderten den reich Talentierten daran, Hauptwerke seiner Epoche zu schaffen. – Die nebenstehende Rötelzeichnung von P. Gülle aus dem Jahre 1782 (Deutsche Staatsbibliothek, Berlin/DDR) zeigt den zweiundsiebzigjährigen, damals in Berlin lebenden Musiker, der verhärmt, ohne Hoffnung auf große künstlerische Leistungen und Erfolge, ein von Tragik umdüstertes Altersdasein lebte.

Giovanni Battista Pergolesi

Der außergewöhnliche Erfolg, der bereits zu Lebzeiten dem früh verstorbenen Giovanni Battista Pergolesi zukam, hat nicht nur zu vielen Fälschungen seiner Werke und zu Fehlzuschreibungen verleitet, sondern im 18. und 19. Jahrhundert auch etliche unechte Bildnisse entstehen lassen. Pergolesi wurde am 4. Januar 1710 in Jesi (Provinz Ancona) geboren, gestorben ist er bereits am 16. März 1736 in Pozzuoli bei Neapel. Ausgebildet wurde er in seinem Geburtsort und in Neapel, wo er 1732 mit seiner *Commedia musicale ,Lo frate 'nnamorato'* eine spontane Resonanz fand. Die Anerkennung wirkt bis in unsere Zeit (zum Beispiel in Igor Strawinskys ,Pulcinella') nach, denn seither galt er als Meister des graziösen Musizierens, der galant und leicht für sich einnehmend in einem gepflegten Milieu besonders vorteilhaft zur Geltung kommt. Zum Geburtstag der Kaiserin am 28. August 1733 verfaßte Pergolesi die *Opera seria ,Il prigioniero superbo'* mit den Intermezzi *,La Serva padrona'*, die einen *,,universal applauso''* herausforderten und seither als Muster der Buffo-Oper geschätzt sind. Der Komponist führte außerdem etliche Aufträge auf dem Gebiet der *Drammi sacri* aus, er schrieb Kantaten, Serenaten, Arien und Duette, Solokonzerte sowie Kirchenmusik. Ein *,Stabat mater'* sowie als letztes Werk das *,Salve regina'* für Sopran und Streicher wurden in ihrer rührenden, von barocker Gravität abrückenden Empfindsamkeit stilprägende Hauptwerke des Jahrhunderts. – Pergolesi war von kleiner, gedrungener Statur. Ein Beinleiden *(spina ventosa)* verursachte einen hinkenden Gang, was durch eine Karikatur von Leone Ghezzi aus dem Jahre 1734 ebenso drastisch herausgestellt wird wie die schwulstigen Lippen (vgl. ,Musik in Geschichte und Gegenwart' X, Sp. 1049). Außer diesem einzigen gesicherten, die Gesichtszüge gewiß überzeichnenden Bildnis Pergolesis gibt es lediglich eine zeitgenössische Zeichnung (Kassel, Bärenreiter-Verlag), die möglicherweise am getreuesten die Physiognomie des Jünglings widerspiegelt, der vermutlich seit der Kindheit kränkelte, unverheiratet blieb und kurz vor seinem Tode in den Schwefelbädern von Pozzuoli Linderung suchte. Dort endete im Konvent der Franziskaner sein erfülltes kurzes Leben.

Ignaz Jakob Holzbauer

Die stilistische und ästhetische Wende, die sich in der Musik um die Jahrhundertmitte nach heftigen Auseinandersetzungen vollzog, dokumentiert sich in dem österreichischen Komponisten Ignaz Jakob Holzbauer, der an ihr aktiv teilhatte. Geboren am 17. September 1711 in Wien, studierte er daselbst zunächst Jura und Theologie, bis er vermittels autodidaktischer Übungen sowie mit Hilfe von Johann Joseph Fuxens ,*Gradus ad Parnassum*' den Weg zur Musik fand. Er reiste nach Venedig, wurde Kapellmeister des Grafen Rottal zu Holleschau in Mähren, der dort italienische Opern aufführen ließ, und wurde 1742 Dirigent des Orchesters am Wiener Burgtheater. Nach einem abermaligen Studienaufenthalt in Italien übernahm er 1751 das Amt des Oberkapellmeisters am Württembergischen Hofe zu Stuttgart. 1753 bekleidete er das gleiche Amt am Kurpfälzischen Hof in Mannheim, wobei ihm seine Frau Rosalie als Sängerin oft zur Seite stand. Als dieser Hof 1778 nach München übersiedelte, blieb Holzbauer verlassen in Mannheim zurück und widmete sich bis zum Tode am 7. April 1783 trotz Ertaubung vollends der Komposition. Ignaz Holzbauer, zumeist erwähnt wegen des seinerzeit anregend wirkenden deutschen Singspiels von 1777 ,Günther von Schwarzburg', tat sich hervor mit Opern, Oratorien und Messen. Diese basieren auf dem Kirchenstil von Fux und den Normen der spätneapolitanischen Oper. Selbst ,Günther von Schwarzburg' mit seinem Sujet aus der deutschen Geschichte rückte formal nicht von der *Opera seria* ab, wenngleich die starren Nummern in Arienform darin zu dramatisierten Szenen umgebildet wurden. Auch in den 39 erhaltenen Messen blieb er nicht steril beim Herkömmlichen stehen, sondern adaptierte neue Mittel zwecks überzeugenderer Vermittlung von persönlichen religiösen Empfindungen. Mozart schrieb darüber 1777 aus Mannheim: Holzbauer „schreibt sehr gut, einen guten kirchen=styl. einen guten saz der vocal=stimmen und instrumenten; und gute fugen". Symphonien, 4 *Sinfonie concertanti* sowie Kammermusiken kamen in ihrer Heiterkeit dem Divertierbedürfnis der mittleren und oberen Gesellschaftsschicht seiner Zeit animierend entgegen. – Diese unbezeichnete und nicht datierte Tuschzeichnung verweist mittels der Notenblätter auf den Komponisten Holzbauer, nicht hingegen auf den Kapellmeister (Wien, Bildarchiv der Österreichischen Nationalbibliothek).

Jean-Jacques Rousseau

Daß der Autor des *‚Contrat social'*, des Briefromans *‚Julie ou la Nouvelle Héloise'* sowie des *‚Émile'* auch musikgeschichtlich Bedeutendes geleistet hat, ist gemeinhin weniger verbreitet. Der französische Philosoph, Schriftsteller und Komponist Jean-Jacques Rousseau (geboren am 28. Juni 1712 in Genf, gestorben am 2. Juli 1778 in Ermenonville) entstammt einem streng protestantischen Hause, dem er 1728 nach Italien und darauf nach Annecy entfloh, wo er in katholischen Gottesdiensten musizierte. Zunächst vermeinte er Musiklehrer werden zu können. 1741 ging er nach Paris, um dort unter anderem eine von ihm erfundene Zahlennotation vorzuführen, die sich nicht durchsetzte. 1743 studierte er als Sekretär des französischen Botschafters in Venedig die italienische Musik, die er als Komponist etwa des *Opéra-ballett ‚Les Muses Galantes'* (1745) für sich zu adaptieren suchte. 1752 nahm er auf der Seite der mit den Italienern sympathisierenden Enzyklopädisten an dem viel erörterten Buffonisten-Streit teil. Als Reaktion darauf komponierte er sein wohl gelungenstes Werk in der Art Pergolesis, das *Intermède ‚Le devin de village'*, das 1752 vor dem Hof in Fontainebleau aufgeführt wurde. Von Gönnern unterstützt sowie vom Ertrag des Notenkopierens lebend, vermochte er als ein nicht angestellter Kenner der Musik, der den naturhaften Urzustand der Menschheit zurückersehnte, aus eigenem Antrieb heraus Chansons, Romanzen, katholische Kirchenmusik, Instrumentalstücke und leichte Bühnenwerke zu schreiben, in denen das Natürliche – so wie Rousseau es verstand – im Gegensatz zum Gekünstelten und Konventionellen angenehm und leicht, *„ni forcé, ni baroque"* vorwalten sollte. So wurde etwa die *scène lyrique* ‚Pygmalion' (1770) zum Vorbild für spätere Melodramen. Größte Verbreitung fand bis heute sein an Informationen und präzisen Definitionen reiches *‚Dictionnaire de musique'* (Genf 1767 ff.), während die Schrift *‚Lettre sur la musique française'* (1753) bahnbrechend wurde für das Reformwerk Christoph Willibald von Glucks. – Unter den vielen Bildnissen Rousseaus sei hier ein Stich von Jean-Baptiste Michel aus dem Jahre 1761 ausgewählt (Paris, Bibliothèque Nationale, Cabinet d'Estampes 78–C–91166), der den sinnierenden Denker mit der signifikanten Pelzmütze vor einem Bilde Platons sitzend zeigt; vor ihm liegen Notenblätter auf dem Tisch. Der Ausblick aus dem Fenster deutet auf sein Sehnen *„retour à la nature"* hin.

J. B. Michel Sculp.

Philosophe, éloquent, sensible,
Il nous a peint l'humanité,
Sans avoir pris la dureté,

De ce Zénonisme inflexible,
Il en garda la fermeté.

Dessiné à Neuf-chatel en 1765. et Gravé par J. B. Michel.
Se vend à Paris, chez Duret, dans le milieu de la Rue du Fouarre.

Carl Philipp Emanuel Bach

Der geschichtlich wirkungsvollste unter den komponierenden Söhnen Johann Sebastian Bachs war Carl Philipp Emanuel Bach, den man den ,,Hamburger Bach" oder den ,,Klopstock der Töne" genannt hat. Diese Bezeichnung des am 8. März 1714 in Weimar zur Welt gekommenen und am 14. Dezember 1788 zu Hamburg verstorbenen Musikers weist auf ein norddeutsches Milieu an der Elbe hin, aus dem auch die nebenstehende lavierte Zeichnung stammt. Bach, der ein passionierter Sammler von Bildnissen war und eine reichhaltige Bibliothek besaß, ließ sich von dem durch Miniaturen bekanntgewordenen Hamburger Maler Andreas Stöttrup (1754–1811) im Jahre 1784 ,,nach dem Leben" konterfeien (Hamburg, Kunsthalle). Bach steht in seiner Büchersammlung, vor kostbaren Gemälden ,,im Beisein des Pastors Chr. Chr. Sturm". Letzterer war Hauptpastor an Sankt Petri und Autor geistlicher Gedichte, die 1780, von Bach ,,mit Melodien zum Singen bey dem Claviere" versehen, ediert worden waren. Bevor der Komponist 1767 in Hamburg als Musikdirektor an den fünf Hauptkirchen und Kantor am Gymnasium Johanneum angestellt worden war, hatte er Universitätsstudien in Leipzig und Frankfurt an der Oder absolviert, bei seinem Vater alle notwendigen praktischen Übungen geleistet und war 1738 an den Hof des preußischen Kronprinzen in Ruppin berufen worden. 1741 war er ,,Kammercembalist" in Potsdam geworden. Bach schrieb analog zur Flötenschule seines Freundes Johann Joachim Quantz einen seit 1753 ebenfalls weit verbreiteten ‚Versuch über die wahre Art, das Clavier zu spielen', worin die Fertigkeiten vermittelt werden, ,,musikalische Gedanken nach ihrem wahren Inhalte und Affect singend oder spielend dem Gehör empfindlich zu machen". Auf die Mitteilung von ,,Empfindungen", die das ,,Originalgenie" erlebt hat, konzentrierte sich Bach auch in seiner Klaviermusik oder den ‚Geistlichen Oden und Liedern'. Insonderheit in den etwa 200 Fantasien, Sonaten und Rondos für Tasteninstrumente – auch für das sehr subtile Clavichord – wird diese Intention des unmittelbaren, sprechenden Kundtuns seelischer Erregungen in möglichst freien, den Nuancen des Empfindens nachgebenden Abläufen ausgeprägt. Damit vermittelte er geschichtlich zwischen der Welt seines Vaters, des Sturm und Drang, der Klassik wie auch des poetischen Ausdrucksverlangens der literarisch orientierten Romantik.

Christoph Willibald von Gluck

Christoph Willibald (Ritter von) Gluck (geboren am 2. Juli 1714 in Erasbach/Oberpfalz, gestorben am 15. November 1787 in Wien) ist als klassischer Autor von Opern, seit 1762 insbesondere von Reformopern, und von Tanzdramen in die Musikgeschichte eingegangen. Hauptorte seines Werdegangs waren Wien, Mailand, London, Dresden, Hamburg, Kopenhagen, Prag, Neapel und Paris. 1752 ließ er sich endgültig in Wien nieder, wo er wohlhabend und auch vom kaiserlichen Hof unabhängig gemeinsam mit dem Librettisten Raniero da Calzabigi für die Verwirklichung der Idee einer im Dienste des dramatischen Ausdrucks eingesetzten Musik und Tanzkunst focht. Um 1772 war sein Ruhm nach dem 1776/1777 ausgestandenen Streit mit den Piccinisten, seinen künstlerischen Widersachern, derart gefestigt, daß sich die Bildkünstler von nun an mehr und mehr für ihn interessierten. Er wurde in Wien beispielsweise von einem unbekannten Maler im Hausrock und mit seiner Frau beim Wein sitzend porträtiert, von Étienne Aubry und vielen anderen dargestellt, die bereits 1897 von Emil Vogel im Jahrbuch der Musikbibliothek Peters (S. 13ff.) verzeichnet worden sind. Gluck war ein hochgewachsener, breitschultriger Mann mit einem runden, von Pockennarben entstellten Gesicht und einer hochgewölbten Stirn. Sein ungestümes Temperament war ebenso gefürchtet, wie sein würdevoll gemessenes Auftreten Verehrer fand. Idealisiert hat dies 1775 der französische Porträtist Joseph Sifrède Duplessis (1725–1802) in einem Kniestück einzufangen versucht, der Gluck als Einundsechzigjährigen in Paris kennenlernte und mehrmals in Brustbildern dargestellt hat (Wien, Kunsthistorisches Museum, Inv. Nr. 1795, Öl auf Leinwand, 99,5 × 80,5 cm). Es ist dies ein Inspirationsbild ohne Musenallegorie und andere Attribute. Gluck sitzt am Klavier, er hält im Schreiben und Spielen inne, um als inspiriertes Genie von oben („den Himmel im Auge", ‚Allgemeine Musikalische Zeitung' 1813, S. 670) Eingebungen willig aufzunehmen. Gluck ist auf den Besitz dieses Bildes sehr stolz gewesen. Er ließ davon „treue Copien" anfertigen. Der 1777 in Paris von Jean-Antoine Houdon modellierten Büste wurde bereits im selben Jahr auf einem Gemälde von Anton de Peters und 1788 von Claude Hoin als „Hommage au génie de . . ." gehuldigt (siehe W. Salmen, ‚Haus- und Kammermusik', 2. Aufl. 1982, Abb. 46 sowie Art Institute of Chicago, Inv. Nr. 1972. 775).

Niccolò Jommelli

In den ‚Physiognomischen Fragmenten' des Schweizers Johann Caspar Lavater findet sich ein Abbild des italienischen Komponisten Niccolò Jommelli (Nicolò, Jomelli) nach einer Darstellung des Schweizer Zeichners Johann Heinrich Lips, welches Karl Traugott Riedel in Leipzig kopierte (Wien, Gesellschaft der Musikfreunde). Der berühmte Züricher Physiognom schreibt dazu unter anderem: „Die Stirne nicht schwer suchend – vorgreifend! Mutiges, festfassendes, ganz zurückgebendes Auge. Kräftige, markige Nase; ohne Adel und Feinheit. Mund voll sinnlichen Gefühls; Kraft unterm Munde, Reichtum und Überfluß leicht empfangender ..." Diese Kennzeichnung trifft auch auf die anderen bekannten Bildnisse dieses offensichtlich kleinwüchsigen, aber korpulenten und pomphaft extravertierten Opernkomponisten zu, der am 10. September 1714 in Aversa bei Neapel geboren wurde und daselbst am 25. August 1774 starb. Neapel, Rom, Bologna und Venedig waren die ersten Stationen seines erfolgreichen Lebensweges als Theaterfachmann, der ihn mit Johann Adolf Hasse und Pietro Metastasio zusammenbrachte, zwei geistesverwandt orientierte Zeitgenossen, die mit ihm die neapolitanische *Opera seria* in deren ausklingender Phase vorzüglich repräsentiert haben. 1753 wurde er von Herzog Karl Eugen als Oberkapellmeister an den württembergischen Hof nach Stuttgart und Ludwigsburg berufen, wo er mit Hilfe hervorragender Musiker und Tänzer ähnlich wie Hasse in Dresden eine Glanzzeit höfischer Opernfeste herbeiführte. 1769 verließ er, durch Intrigen dazu genötigt, diese Residenz, kehrte in seine Geburtsstadt zurück und übernahm Opernaufträge für den königlichen Hof in Lissabon. Ähnlich wie das Spätwerk von Hasse galt in dieser Endphase auch sein teilweise in Konventionen erstarrtes Schaffen bereits als antiquiert. Wolfgang Amadeus Mozart urteilte 1770, es sei „zu gescheut und zu altväterisch für's Theater". So wie in Württemberg der unumschränkte Absolutismus mit all seinen maßlosen, in eine pompöse Hofhaltung gesteckten Investitionen mit dem Tod Herzog Karl Eugens sein Ende fand, so ist auch das Werk Jommellis – abgesehen von einigen geistlichen Werken – bald nach 1774 verklungen. Welch hohen Geltungsanspruch er zu stellen gewohnt war, zeigt das in Bologna in der Sammlung des Padre Martini befindliche Gemälde. Jommelli ist hier in vornehmer Hofkleidung und mit einer antiken Leier konterfeit.

Johann und Carl Stamitz

Aus Böhmen stammte die Musikerfamilie Stamitz, deren Name mit der Glanzzeit der Mannheimer Hofkapelle eng verbunden ist. Ahnherr war Johann Wenzel Anton Stamitz (Jan Vaczlav Antonín Stamic, Stamiz, Stainmiz, Steinmetz), der am 17. oder 19. Juni 1717 in Deutschbrod geboren wurde und am 27. März 1757 in Mannheim starb. Er begann als Geigenvirtuose und als Komponist von Kirchenmusiken, Arien und Kammermusikwerken, bevor er 1741 in Mannheim durch Kurfürst Karl Philipp in Dienst genommen wurde. Als dessen „Erster Hof-Violinist" unter etwa fünfzig Kapellmitgliedern sorgte er für „Sr. Churfürstl. Durchlaucht liebsten und beständigsten Zeitvertreib". Ab 1750 fungierte er als „Instrumental-Music Director". Als angesehener Orchestererzieher setzte er hier sowie später in Paris einen neuen, dynamisch bewegten Aufführungsstil durch und brachte eine Kompositionsweise mit Ansätzen zu klassisch thematischer Arbeit zum Erfolg, die man in Frankreich als *„Sinfonie d'Allemagne"* bezeichnete. Die „feurige, seelenvolle Exekution" nannte man die „Mannheimer Schule". Ein Abbild von Johann Stamitz findet sich lediglich im Kupfertitel des Sammelwerks *‚L'art du violon'* von J. B. C. Cartier (Paris 1798) in Form eines ungenauen Medaillons, das dem Konterfei Leopold Mozarts gegenübergestellt ist. – Carl (Philipp) Stamitz (getauft am 8. Mai 1745 in Mannheim, gestorben am 9. November 1801 in Jena) wuchs unter der Anleitung seines einfallsreichen, originellen Vaters in der Mannheimer Hofkapelle als Praktiker auf. 1770 folgte er dessen Spuren nach Paris und trat hier als Hofkapellmeister in den Dienst des Herzogs Louis von Noailles. Seine empfindsam-galanten Orchesterwerke, darunter 38 konzertante Symphonien, die nach 1773 modisch beliebt wurden, brachte er in den *Concerts Spirituels* sowie am königlichen Hofe zu Gehör. Mit der Violine unternahm er etliche bravouröse Konzertreisen. 1794 ließ er sich, des musikantischen Treibens müde, als verarmter akademischer Musiklehrer in Jena nieder, wo er sich versponnen mit alchimistischen Versuchen des Goldmachens beschäftigte. Das unbezeichnete Schattenbild stellt den Virtuosen der Violine, der Viola sowie der Viola d'amore am 22. Januar 1789 dar (Wien, Gesellschaft der Musikfreunde).

Charles Stamitz.
d. 22 Jan: 1789.

Friedrich Wilhelm Marpurg

Während der Aufklärung war einer der gründlichsten Denker auf dem Gebiet der Theorie sowie der praxisbezogenen Lehre der Musik Friedrich Wilhelm Marpurg. Er wurde in der Altmark am 21. November 1718 auf dem Rittergut Seehof bei Wendemark geboren. Nach gediegenem Schul- und Universitätsstudium unternahm er etliche Bildungsreisen, lernte bedeutende Zeitgenossen wie Lessing, Winckelmann, Voltaire oder D'Alembert kennen und verdingte sich von 1746 bis 1749 in Paris als Privatsekretär. Ab 1759 übte er diese Tätigkeit unstet und ohne Erfolg auch in Berlin aus, wo er 1763 als Direktor der königlichen Lotterie, „der Musik auf immer beraubt", ein Unterkommen fand und zum preußischen Kriegsrat avancieren konnte. Er starb daselbst am 22. Mai 1795. Marpurg war somit nicht als Fachmusiker tätig, sondern als kenntnisreicher und heftig polemisierender Liebhaber um diese Kunst bemüht. Als solcher redigierte er 1749 die Wochenschrift ‚Der critische Musicus an der Spree' sowie ab 1754 ‚Historisch-kritische Beyträge zur Aufnahme der Musik'. Damit erwarb er sich das Ansehen eines rational forschenden, die Ästhetik des französischen Klassizismus eigenständig rezipierenden Theoretikers. Spekulative philosophische Fragestellungen rückte er, der sich auch als Komponist zu profilieren trachtete, zugunsten solcher, die auf die Musikpraxis gerichtet sind, zurück. Er verfaßte Musizieranleitungen für Liebhaber, eine bedeutende ‚Abhandlung von der Fuge' (1753–1754) und gab als einer der Initiatoren der Berliner Liederschule ‚Berlinische Oden und Lieder' (1756–1763) heraus. Sein ‚Handbuch bey dem Generalbasse und der Composition' (1755–1758) verstand er als eine „Grammatik der Setzkunst". – Marpurgs pragmatisches, aufklärerisches Verlangen, durch rationalistische Doktrinen die Musik in ihrem Sosein und Wirken erfassen und lehren zu wollen, spricht aus diesem 1758 in Berlin von seinem Freunde Friedrich Kauke (gestorben 1777) *ad vivum* angefertigten Kupferstich (Wien, Gesellschaft der Musikfreunde). Dieser wurde der im selben Jahr bei Lange in Berlin gedruckten ‚Anleitung zur Singkomposition' als Titelkupfer beigegeben.

Amicum Amicus
FREDR: GUIL: MARPURGIUM
Fredericus Kauke del: ad viv: et Sculp: Berol:
MDCCLVIII.

Johann Georg Leopold Mozart

Johann Georg Leopold Mozart war nicht nur der gebildete und kluge Vater und Lehrer seines Sohnes Wolfgang Amadeus, sondern auch als Musiker sowie Komponist eine ebenso beachtenswerte Persönlichkeit in der Epoche der Vorklassik. Geboren am 14. November 1719 in Augsburg als Sohn eines Buchbindermeisters im heutigen Augsburger Mozarthaus (Frauentorstr. 30), erwarb er sich bei den Jesuiten eine umfassende humanistische Bildung, die vertieft wurde durch ein Studium 1737 an der Universität Salzburg. 1740 wurde er Kammerdiener und Geiger, 1743 Mitglied der Salzburger Hofkapelle, deren Vizekapellmeister er 1763 werden konnte. 1756 hatte er in Augsburg bei seinem Freunde J. J. Lotter seinen mit einem Porträtkupfer versehenen ‚Versuch einer gründlichen Violinschule' publiziert, der ihn bald international bekannt machte. Nach 1760 widmete er sich intensiv der Erziehung seiner beiden Wunderkinder Nannerl und Wolfgang, die er von 1762 an auf etlichen Kunstreisen begleitete. Als der geniale Sohn die Heimatstadt verließ und ihm innerlich fremd wurde, widmete er sich mit Fleiß und streng diszipliniert seinen Amtspflichten sowie der Unterrichtung zahlreicher Violinschüler. Er starb am 28. Mai 1787; begraben wurde er auf dem Sankt-Sebastians-Friedhof. Leopold Mozart hat etwa bis 1775 komponiert. Er schrieb für seine Mitwelt zuweilen sehr populare und deskriptive, Naturlaute und Geräusche imitierende Divertimenti, Konzerte, Triosonaten, Oratorien, Schulkomödien, Kirchenmusik, Lieder und anderes mehr. Derzeit am bekanntesten sind die ‚Musikalische Schlittenfahrt' und ‚Die Bauernhochzeit' (1755), die ‚Kindersymphonie' (um 1760) sowie das Trompetenkonzert D-Dur (1762). Geschickt mischte er darin Stilkomponenten verschiedener Herkunft in einem formal meist strengen Rahmen. Von Statur war Vater Mozart noch kleiner und feingliedriger als der Sohn. Das Kupfer zu seiner Violinschule bemängelte er, weil es seine schlanken Körpermaße nicht der Wirklichkeit entsprechend wiedergibt. Er war ein frommer, aufgeklärter Katholik, der auf erlesene Kleidung und vornehmes Auftreten sehr bedacht war. Dies sowie die Strenge und intelligente Wachheit seines forschenden Geistes spiegelt das unsignierte, Pietro Antonio Lorenzoni zugeschriebene, um 1765 gemalte Bildnis in Öl wider (Salzburg, Mozart-Museum, Getreidegasse 9). Selbstbewußt zeigt er sich hier mit der Violinschule in der Hand.

Johann Philipp Kirnberger

Mehr als gelehrter Theoretiker denn als Komponist hat sich Johann Philipp Kirnberger (Kernberg) ein Gedenken gesichert. Getauft am 24. April 1721 als Sohn eines fürstlichen Lakaien in Saalfeld (Thüringen), lernte er von früh an das Violin- und Klavierspiel. Letzteres soll mit ihm von 1739 bis 1741 auch Johann Sebastian Bach in Leipzig geübt haben, der ihn außerdem in der Komposition unterwies. 1741 fuhr er über Dresden nach Polen, wo er im Dienste einiger Magnaten stand. 1751 kehrte er nach Deutschland zurück, wo er zunächst königlicher Violinist in Potsdam wurde und 1758 die Stellung als Hofmusikus der Prinzessin Anna Amalie von Preußen annahm, als deren Lehrer und Berater er bis zum Tode am 27. April 1783 in Berlin tätig blieb. Diese bevorzugte Stellung gab ihm die Muße für umfangreiche musiktheoretische Studien. Für seine Gönnerin stellte er die musikgeschichtlich bedeutsame ‚Amalien-Bibliothek' zusammen, in der die zu verehrenden, bleibenden Vorbilder der Setzkunst von Pierluigi da Palestrina über Hans Leo Hassler bis zu Johann Sebastian Bach ebenso vertreten waren wie die jüngeren Zeitgenossen. Kirnberger komponierte Lehr- und Übungsstücke, Sonaten, Fugen, Motetten, Lieder, Sinfonien und anderes in einer nur selten originell inspirierten Qualität. Er, der mehrmals in Traktaten ‚Anleitungen' zur Komposition gab, ja sogar 1757 die Rezepte für den „allezeit fertigen Polonoisen- und Menuettkomponisten" zusammengestellt hatte, verfuhr selbst nach der Methode des Würfelspiels oder der „Methode, Sonaten aus'm Ermel zu schüddeln" (Berlin 1783). Gewichtiger als diese für Dilettanten als Hilfsunterweisungen gedachten Schriften sind freilich seine Beiträge zu Johann Georg Sulzers ‚Allgemeiner Theorie der schönen Künste' (1771) sowie ‚Die Kunst des reinen Satzes' (I–II, 1771 und 1779). Hierin verteidigte er gegen die besonders in Norddeutschland simplifizierend verflachende Zeitströmung die kunstvolle „reine" Schreibweise der Alten (Bach und Carl Heinrich Graun insbesondere). – Die gewöhnlich reproduzierten Bildnisse Kirnbergers gehen auf ein verschollenes Gemälde von Christian Friedrich Liszewski (gestorben 1794) zurück. Unbeachtet blieb nebenstehendes Selbstporträt aus dem Jahre 1740 (Wien, Gesellschaft der Musikfreunde). Diese Bleistiftzeichnung machte er seiner Schülerin „in Clavichordio" Christina Henrietta Einertina zum Geschenk.

Mons. Jo. Philipp Kirnberger Saalfeld:
Se ipsum pinxit ad memoriam 1740
donoque dedit nobilissimâ puellâ Krist: Henriett.
Cinertinâ, quam Musices principia docuit in
Clavichordio.

Georg Anton Benda

Neben dem hervorragenden Geiger Franz Benda, der sich vollends mit der ,Berliner Schule' identifizierte, gelangte dessen am 30. Juni 1722 ebenfalls in Neu-Betanek in Böhmen getaufter Bruder Georg Anton Benda (Jiří Antonín) zu hohem Ansehen. Auch dieser wurde Geiger und Cembalist; er folgte seinem älteren Bruder 1742 an den Hof zu Berlin-Potsdam, wo er in der königlichen Kapelle eine Anstellung als Violinist erhielt. Da es ihn jedoch mehr zum Theater hinzog denn zur esoterischen Kammermusik, nahm er 1750 einen Ruf an, als Hofkapellmeister nach Gotha zu gehen. Die ersten Proben seines Könnens veranlaßten den dortigen Herzog, ihn 1765/1766 zur Abrundung seiner Studien mit einem Stipendium nach Italien zu senden. Die Erfahrungen weiteten seinen Horizont, indessen gewann Georg Benda ab 1775 nicht mit italienischen Opern die Gunst des Publikums für sich, sondern vielmehr mit deutschen Singspielen und Melodramen, die er auch „zum Gebrauche gesellschaftlicher Theater" außerhalb der Hofhaltungen eigens einrichtete. Er präsentierte sich damit betont als „ein für das deutsche Theater patriotisch gesinnter Komponist", der nicht nur das „für schön hielt, was jenseits der Alpen Mode ist . . ." Benda wendete sich folglich nunmehr an das gebildete, aufgeklärte bürgerliche Publikum. ,Der Dorfjahrmarkt' (1775), ,Romeo und Julie' (1776), die komische Operette ,Der Holzhauer' (1778), vor allem jedoch ,Ariadne auf Naxos' (1775), ,Medea' (1775) und als Nachklang aus einer nur kurzen Blütezeit das Monodram ,Pygmalion' (1779) haben Geschichte gemacht. Benda wurde mit diesen im gedrängten Zeitraum von nur vier Jahren geschriebenen Bühnenwerken ein Wegbereiter der klassischen Oper, der sich nicht einseitig an die veralteten Zwänge der damaligen, in Berlin herrschenden Ästhetik und Stilregeln binden ließ. Auch seine ,Clavierstücke' fanden Anklang. Die letzten Jahre seines am 6. November 1795 in Köstritz in Sachsen beendeten Lebens verbrachte Benda ohne öffentliches Amt in der Abgeschiedenheit kleinerer Orte. Das ,Feuer' eines impulsiven Schaffensdrangs im Zuge der Strömung des Sturm und Drang war bereits nach 1780 erloschen. – Das hier gezeigte Porträtkupfer hat Christian Gottlieb Geyser nach einer Vorlage von Johann Friedrich Mechau gestochen (Wolfenbüttel, Herzog August Bibliothek, 16 × 10 cm).

G. BENDA

Pietro Nardini

Der Violinist Pietro Nardini – er genoß selbst die Anerkennung Leopold Mozarts, der an seinem Spiel die „Schönheit, Reinigkeit und Gleichheit des Tones“ hervorhob – sei nebenstehend durch ein Titelkupfer repräsentiert, das, 1798 oder 1803 von D. Lambert nach Jean-Baptiste Debret gestochen, zu jenen huldigenden Blättern gehört, die erst um die Mitte des 19. Jahrhunderts aus der Mode kamen und sachlicheren Frontispizen wichen. Seit dem 16. Jahrhundert galt der ikonographischen Ausstattung von Prachtbänden das Interesse der namhaften Druckwerkstätten, die sich bemühten, den gesamten Kosmos in oft schwer deutbarer Emblematik vor dem wissenden Leser auszubreiten. Die schon bald nach ihrem Erscheinen sehr begehrte Ausgabe von Nardinis ‚*VII Sonates pour violon et Basse . . . avec les Adagios Brodés*‘ vermittelt auf dem Frontispiz das auf einen Grabstein projizierte Bildnis des Meisters. Wie auf vielen Blättern dieser Art ist im Hintergrund das Panorama seiner letzten Wirkungsstätte, Florenz, zu sehen. Pietro Nardini, der am 12. April 1722 in Livorno geboren wurde, gilt als bedeutendster Vertreter der paduanischen Violinschule Giuseppe Tartinis, dessen Schüler er in den Jahren 1734 bis 1740 war. Danach lebte er bis 1760 als angesehener Violinvirtuose und Lehrer in seiner Heimatstadt. 1762 wurde er als Kammervirtuose, 1763 als Konzertmeister an den Stuttgarter Hof berufen, der eine Kapelle unterhielt, die unter der fünfzehn Jahre währenden Leitung von Niccolò Jommelli zu den fortschrittlichsten Hofkapellen gehörte. Nach dreijähriger Tätigkeit erreichte den Musiker der Ruf, als Konzertmeister an die großherzogliche Kapelle in Florenz zu gehen. Bis zu seinem Tod am 7. Mai 1793 wurde diese Stadt sein ständiger Wohnsitz. Nardini folgte in seinen Kompositionen wie in der Lehre im wesentlichen dem Vorbild seines Lehrers Tartini, der mit seinen Kompositionen am Wendepunkt zur Vorklassik stand. Seine Werke sind reich an subtiler Melodik, verzichten auf die pathetischen Formen des Barock und weisen in den Streichquartetten oder den etwa dreißig Violinsonaten bereits auf die Klassik voraus.

VII
SONATES
POUR VIOLON ET BASSE
par
P. NARDINI
avec les Adagio Brodes.
DERNIERE EDITION
d'apres les Manuscrits Originaux de l'Auteur.
Dédiée
A Monsieur de Marescot
Général en Chef du Génie et Grand Officier de la Légion d'Honneur.
A PARIS chez Decombe Luthier, Editeur, Professeur et Mr. de Musique, Quay de l'Ecole, N.o 14. près le Pont Neuf

Carl Friedrich Abel

Als letzter großer Gambist seines Jahrhunderts galt, bevor dieses um 1750 veraltende Instrument dem Violoncello weichen mußte, Carl Friedrich Abel. Ihm war diese Spezialisierung auf ein Streichinstrument durch eine Familientradition vorgegeben, denn sein Großvater Clamor Heinrich sowie der Vater Christian Ferdinand, für den möglicherweise Johann Sebastian Bach seine 6 Suiten für Viola da Gamba oder Cello solo schrieb, waren angesehene Musiker in Hofkapellen gewesen. Er wurde am 22. Dezember 1723 in Köthen geboren, wo er im Umkreis der dortigen Hofkapelle aufwuchs; auch als Thomaner in Leipzig wurde er geschult. Von 1748 bis 1758 spielte er die Gambe in der Dresdener Hofkapelle unter Johann Adolf Hasse. Durch die Wirrnisse des Siebenjährigen Krieges wurde er aus Sachsen vertrieben. Eine Konzertreise führte ihn nach London, wo er sich 1759 niederließ. Hier spielte er – oft improvisierend – in Konzerten auch das Cembalo, das Horn und das kurzzeitig modische Pentachord. Gemeinsam mit Johann Christian Bach veranstaltete er die berühmten ‚Bach-Abel-Konzerte', die ab 1775 in einem dafür eigens eingerichteten Konzertsaal, in den luxuriös ausgestatteten *‚Hanover Square Rooms'*, stattfanden. Königin Sophie Charlotte ernannte ihn zu ihrem Kammermusikus. Nach Bachs Tod 1782 schwand die Anziehungskraft des Konzertunternehmens, zumal Abel bis zu seinem Tode am 20. Juni 1787 zunehmend der Trunksucht verfiel. Abel unterhielt seine Zuhörer mit heiter-elegant konzipierten Sonaten, Konzerten, Sinfonien und Streichquartetten, aus denen vor allem die empfindsamen Adagios durch ihre anrührende Art Resonanz fanden. Sein Schüler Johann Baptist Cramer edierte daher noch 1820 eine Auswahl von vier Adagios als besonders eindrucksvolle Klangproben für romantisiert eingestimmte Ohren im 19. Jahrhundert. – Carl Friedrich Abel war ein Kenner und Sammler guter Gemälde und Stiche. Mit dem berühmten englischen Maler Thomas Gainsborough (1727–1788) war er eng befreundet. Dessen Skizzen hingen in großer Zahl an den Wänden seiner Wohnung in London. Gainsborough hat ihn zweimal in Öl mit der Gambe als Attribut porträtiert. Eine Kreideskizze dazu entstand um 1763 (London, National Portrait Gallery, Inv. Nr. 5081, 32,1 × 25,4 cm); diese sei hier reproduziert. Das bedeutendste Bildnis des Freundes befindet sich in der Henry E. Huntington Art Gallery, San Marino (USA).

Charles Burney

In der Geschichte der Musikwissenschaft nahmen die beiden Historiker John Hawkins (1719–1789) und Charles Burney (geboren am 7. April 1726 in Shrewsbury, gestorben am 12. April 1814 in Chelsea) geachtete Plätze ein, da sie erstmals in englischer Sprache umfassend orientierende ,*Histories of music*' verfaßten. Burney begann als Organist und wurde 1769 *Doctor of Music* der Universität Oxford. 1770 reiste er, Historisches sammelnd und Aktuelles scharf beobachtend, durch Frankreich und Italien, 1772 durch Deutschland, Österreich und die Niederlande. In publizierten ,Tagebüchern' hat er ausführlich über seine Erfahrungen berichtet (1771 und 1773). Burney unternahm als Musiker, Musiklehrer, Komponist und Historiker alle Anstrengungen, um sich aus der traditionell deklassierenden Rolle eines Dieners der Gesellschaft zu befreien. Er suchte in England wie auf dem Kontinent die soziale *equality*, die Anerkennung als Schriftsteller, die den literarisch gebildeten Akademikern gebührt. Damit waren seine Ziele etwa denen von Johann Friedrich Reichardt gleichgerichtet, wenn auch mit dem wesentlichen Unterschied, daß dieser bis 1814 ausübender und komponierender Musiker blieb, während Burney sich als Arrivierter bereits 1804 von seinen Kompositionen als von ,,*negligible*" erachteten Werken distanzierte. Statt ,,*a mere musician*" sein zu wollen, drängte es ihn zur Existenz ,,*as a man of letters*"; er war getrieben von einem umgreifend orientierten, ,,*unquenchable thirst of knowledge*". Daher pflegte er auch regen Austausch mit vielen Prominenten. Der Erfolg seiner vierbändigen ,*A General History of Music*' (1776–1789) brachte ihm die erwünschten Anerkennungen, ja sogar den Zugang zum Königshaus und zu den Kreisen um Samuel Johnson. – Der von Charles Burney zielstrebig erarbeitete Status eines autonomen Musikers ist deutlich ablesbar aus dem um 1781 von Joshua Reynolds gemalten Bildnis (London, National Portrait Gallery, Inv. Nr. 3884, 74,9 × 61 cm). Burney trägt den bereits 1769 erworbenen Mantel des *Doctor of Music*. In einem Brief von 1781 schreibt er dazu: ,,*I have lately sat for my picture to Sr. Jos. Reynolds, for my Friend Mr. Thrale ... who has a Library furnished with 12 or 14 portraits of persons with whom it is a great honour to be placed ... yr. Coz. Ned is now making two copies of my picture, (wch. everybody says is very like), one for Padre Martini at Bologna ... another for the Music School at Oxford ...*"

Johann Georg Holzbogen

Wenn in dieser Folge von Bildnissen auch das Konterfei des musikgeschichtlich wenig bekanntgewordenen Kammerviolinisten und Hofkompositeurs Johann Georg Holzbogen Aufnahme findet, dann deshalb, weil dieses Gemälde einen speziellen Bildtypus anschaulich machen möge, der im 18. Jahrhundert insonderheit mit dem Namen des kurbayerischen Hofmalers Peter Jakob Horemans (1700–1776) in Verbindung zu setzen ist. Dieser aus Antwerpen stammende Künstler arbeitete vor allem für die Kurfürsten Karl Albrecht und Max III. Joseph. Aus niederländischer Tradition heraus porträtierte er viele Mitglieder des Münchner Hofes, darunter auch etliche Hofmusiker. Zu diesen gehörte der aus Schwandorf stammende Holzbogen (1727–1775), der 1759 Schüler von Giuseppe Tartini in Padua gewesen war und als Violinist wie als Komponist von Sinfonien, Konzerten, Menuetten und Trios Beachtenswertes leistete. Charles Burney schrieb darüber 1772: „*Holtzbogen has a great hand, a clear tone, and more fire than is usual, in one of the Tartini school, which is rather remarkable for delicacy, expression and high finishing, than for spirit and variety. This performer writes well for his instrument, and played a very masterly concerto of his own composition.*“ Demnach spielte Holzbogen feuriger als die Geiger der Tartini-Schule und komponierte Meisterliches für sein Instrument. Er ist hier im Jahre 1774 dargestellt in einer thematischen Verknüpfung zwischen Bildnis und dem seit Jan Brueghel dem Älteren bekannten Typus des ‚*Cabinet de musique*‘. Stillebenartig sind im Rahmen einer prunkvollen Schloßvorhalle mehrere Instrumente (Waldhorn, Oboe, Baßlaute, kleine Knickhalslaute) sowie Notenblätter wiedergegeben, neben denen Holzbogen mit der Violine in der Hand sitzt (Bayerische Staatsgemäldesammlungen München, Inv. Nr. 4332, Öl auf Leinwand, 90,1 × 76,5 cm). Das Gemälde zeugt neben fünf anderen dieser Art, die bayerische Hofmusiker in Verbindung mit dekorativ gemeinten ‚Musikkabinetts‘ abbilden, von der besonderen Wertschätzung, welche die Musik damals in München bei Hofe genoß.

Jean Georges Noverre

Der Tänzer und Ballettmeister Jean Georges Noverre, Verfasser nicht nur einer großen Zahl von Tanzdramen und Divertissements, sondern auch ästhetischer wie lehrhafter Schriften, war sich seiner Exzeptionalität zeitlebens wohl bewußt. Am 29. April 1727 in Paris geboren, starb er dort am 19. Oktober 1810. Er war Schüler von Louis Dupré, der als einer der ersten nach Louis Beauchamp zu denjenigen Tänzern auf der Opernbühne gehörte, die höchstes Ansehen genossen, nicht zuletzt deswegen, weil sie das theatralische Ballett grundlegend reformiert hatten. Seit der Mitte des 17. Jahrhunderts hatte eine Bewegung gegen das virtuose Schauballett eingesetzt und die Forderung nach „Natur und Wahrheit" erhoben. Als in diesem Sinne produktiv tätiger Innovator, der in seinen ‚*Lettres*' (1760) der Ballett-Tradition den Kampf ansagte, faßte Noverre das Ballett als Handlungsballett *(ballet d'action),* als musikalisch-choreographisches Drama auf, in dem die Musik zur Dienerin der Tanzkunst werden sollte. Tanztechnik, Pantomime, Mimik und Gestik sollten durch sich selbst wirken und ein Sujet bilden, in dem die pompösen Kostüme, Masken, Schnürleibe und Reifröcke keinen Raum mehr hatten. Noverre, der in Berlin in Werken von Johann Adolf Hasse und Carl Heinrich Graun ebenso gefeiert auftrat wie in Paris, Marseille, Lyon, Straßburg oder Stuttgart, wo er das dort bestehende, vorbildlich eingerichtete Ensemble am Hofe Herzog Karl Eugens von Württemberg erweiterte, ging 1767 bis 1774 als Nachfolger von Gasparo Angiolini nach Wien. Als vielbeachteter Tanzmeister der kaiserlichen Familie schuf er dort nach der Musik von Franz Aspelmayer seine bedeutendsten Tanzdramen, etwa ‚*Acis et Galathée*', ‚*L'Agamemnon vengie*' oder ‚*Iphigénie en Tauride*'. 1776 wurde er als „*compositeur et maître des Ballets*" an die *Académie royale* nach Paris berufen. Nach der Revolution von 1789 war es still um ihn geworden, und erst im 20. Jahrhundert ließen Isadora Duncan und Rudolf Laban seine Intentionen vollends fruchtbar werden in ihrem ausschließlich vom Ausdruck bestimmten Tanz. Der unter anderem von dem Pariser Porträtisten Jean-Baptiste Perronneau repräsentativ Gemalte wird hier in einem Stich vorgestellt, welcher der Ausgabe ‚*Lettres sur la danse*' I (1803) vorangestellt war und von Barthélemy Joseph Roger nach Christophe Guérin gestochen worden ist (Deutsches Theatermuseum München).

Du feu de son génie il anima la Danse:
Aux beaux jours de la Grèce il sut la rappeler;
Et recouvrant par lui leur antique éloquence
Les Gestes et les Pas aprirent à parler.
par B. Imbert

Johann Adam Hiller

„Ich bin in dem in der Oberlausitz, eine Meile von Görlitz gelegenen Dorfe, Wendisch Ossig, den 25. Dezember, im Jahre 1728 geboren." So schrieb Johann Adam Hiller (Hüller) in seiner Lebensbeschreibung, die er in den ‚Lebensbeschreibungen berühmter Musikgelehrter und Tonkünstler neuerer Zeit 1. Teil' 1784, dem Vorbild des ebenso biographisch tätigen Johann Mattheson folgend, in Leipzig veröffentlichte. Als unermüdlicher Pädagoge, Organisator, Dirigent, Komponist und erster Herausgeber einer Musikzeitung (‚Wöchentliche Nachrichten und Anmerkungen, die Musik betreffend', Leipzig 1766–1770) war Hiller ein wichtiges Glied im bürgerlichen Musikleben Leipzigs, das er ab 1760 reaktivierend beeinflußte. Er verbrachte seine Studienjahre an der Dresdener Kreuzschule und trat dann als vielseitiger Hauslehrer in den Dienst des Grafen Heinrich Adolph Brühl, des Neffen des sächsischen Premiers. Das Haus, das zu den künstlerischen Zentren Dresdens gehörte, bot ihm die Gelegenheit, die Musik seiner Zeit in vorzüglichen Darbietungen kennenzulernen, bis er 1760 nach Leipzig übersiedelte, um zunächst die Leitung der Subskriptionskonzerte, ab 1763 das wiedereröffnete ‚Große Konzert', die späteren Gewandhauskonzerte, zu leiten. Als Vertreter philanthropischer Denkungsart gemäß seinem Vorsatz, „das deutsche Volk singen zu lehren", richtete er eine eigene Singschule ein. Seine Singspiele, unter ihnen ‚Die Jagd', ebneten der späteren deutschen Operette den Weg, auch wenn sie von Hiller selbst als „. . . großentheils Kleinigkeiten" beschrieben werden. Nachdem er von 1789 an das Thomaskantorat innegehabt hatte, trat er 1801 in den Ruhestand und starb am 16. Juni 1804 in Leipzig. – 1774 wurde Hiller von Anton Graff, dem gesuchten Porträtisten am Dresdener Hof, gemalt, der einige Komponisten, darunter Johann Friedrich Reichardt, in seiner fast impressionistischen Maltechnik festgehalten hat. Das Hüftbild, das dem Stecher des vorliegenden Abdrucks, Christian Gottlieb Geyser, als Vorbild diente, zeigt Hiller am Cembalo mit einer roten Samtmütze auf dem Kopf. Geyser, der außer diesem (1775) noch weitere Stiche von Hiller und anderen geistigen Größen verfertigt hat (siehe ‚Neue Bibliothek der schönen Wissenschaften' XVII, 1775), übernahm aus der Graffschen Vorlage lediglich den Kopf (Herzog August Bibliothek, Wolfenbüttel, 14,9× 8,6 cm).

I. A. HILLER.

Johann Gottfried Müthel

Der letzte Schüler Johann Sebastian Bachs, der am 17. Januar 1728 in Mölln (Schleswig-Holstein) geborene Johann Gottfried Müthel, dem der Meister neben Johann Christoph Altnikol und Johann Christian Kittel für kurze Zeit in seinem Haushalt einen Platz eingeräumt hatte, war ob seiner kühnen Persönlichkeit ein Sonderling. Nach dem baldigen Tod Bachs verbrachte er das Jahr 1750, das ihm vom Herzog von Mecklenburg-Schwerin, bei dem er seit 1747 als Kammermusiker und Hoforganist gedient hatte, als Studienurlaub gewährt worden war, bei Altnikol in Naumburg. Danach zog er zu Johann Adolf Hasse nach Dresden, zu seinem Freund Carl Philipp Emanuel Bach nach Potsdam und zu Georg Philipp Telemann nach Hamburg. Er erhielt nach seiner Rückkehr an den Hof von Schwerin, an dem mittlerweile veränderte Bedingungen herrschten, seinen Abschied und ließ sich daraufhin als Organist an der Hauptkirche zu Riga in Bienenhof (bei Riga) nieder. Dort starb er am 14. Juni 1788 zurückgezogen und allem „eitlen Gepränge abhold". Charles Burney kam 1773 zu der Feststellung, daß „das Genie und die Kunst dieses Tonkünstlers in Deutschland nicht sehr bekannt" sei. Aus Müthels dem frühen Sturm und Drang verpflichteten und dem 19. Jahrhundert in Teilmomenten schon sehr nahen Schaffen sind Lieder, eine Reihe typisierter Menuette, Klaviersonaten von komplizierter, individueller Faktur mit freizügigen, bizarren Mittelsätzen, Klavierkonzerte, Orgelwerke und einige Kammermusiken überliefert. Sein schmales Œuvre spiegelt ein hohes technisches Können wider, das im Kompositorischen nur in den Orgelwerken seinem Lehrer Bach verpflichtet ist. Namentlich die Klaviervariationen gehören zum Kühnsten, was auf der Suche nach Originalität zwischen Bach und Beethoven komponiert wurde. In diesen Stücken, die in kleinste Motivgruppen gespalten und melodisch wie rhythmisch zerrissen sind, läßt er Vorbilder wie Carl Philipp Emanuel Bach weit hinter sich. – Das einzige überlieferte anonyme Ölporträt dieses Mannes, das, vom strengen Porträtstil abweichend, einen Individualisten mit offenem Haar zeigt, befindet sich in Hannover in Familienbesitz (50 × 60 cm).

Niccolò Piccini

Christoph Willibald Glucks mutmaßlicher Pariser Rivale und einer der letzten Vertreter der neapolitanischen Opernschule war Niccolò (Niccola Vito) Piccini. 1776 war er von Gluckfeinden nach Paris gerufen worden, damit sein Schaffen ein Gegengewicht zu den Reformopern Glucks bilden könnte. Seine Gegenwart löste in der Metropole eine Flut von heftigen Polemiken und einen von beiden Seiten geschürten Theaterkrieg aus. Bis zu seinem Weggang nach Paris war der am 16. Januar 1728 zu Bari geborene Piccini der Lieblingsschüler Leonardo Leos gewesen und hatte die Leitung der königlichen Kapelle in Neapel innegehabt. In Rom wie in Neapel waren in diesen Jahren zahlreiche *opere serie,* vor allem aber komische Opern wie ‚*La cecchina ossia la buona figliuola*' (1760) nach einem Text von Carlo Goldoni herausgekommen. Die Wettbewerbslust, mit der man ihn als Abgesandten italienischer Opernkunst in den Pariser Streit hineinzog, brachte ihn in eine ähnliche Position wie Jahre vordem in Rom, wo man begonnen hatte, den Buffokomponisten Pasquale Anfossi gegen ihn auszuspielen. Seine Zuneigung zu Gluck, die er vor allem nach dessen Tod kundtat, ließ ihn über die Gesellschaftsstreitigkeiten, die auch nach dem Wechsel Glucks nach Wien im Jahre 1779 nicht aufhörten, erhaben erscheinen. Mit den unter dem Eindruck eines musikalischen *Concours* entstandenen Werken ‚*Roland*', ‚*Athys*' und ‚*Iphigénie en Tauride*' errang er trotz der zumeist voraufgegangenen Gluckschen Fassungen gute Erfolge. Gestärkt durch die Ernennung zum Direktor einer italienischen Truppe sowie zum Professor an der *École royale de chant et de déclamation,* blieb er bis zum Ausbruch der Französischen Revolution 1789 in Paris. Erst nachdem er all seine Pensionsansprüche verlor, verließ er die Stadt und kehrte nach neuerlicher Stabilisierung der allgemeinen Lage 1798 zurück. Er starb am 7. Mai 1800 in Passy bei Paris. Seine Bedeutung liegt in der Umwandlung des Typus der neapolitanischen *Opera buffa* zur bürgerlichen Musikkomödie. – Nebenstehendes, nicht datiertes Brustbild, das nach einem Gemälde von Julien Robineau von Louis Jacques Cathelin in Kupfer gestochen wurde, gehört zu den meistreproduzierten Bildnissen des Komponisten. Die hinzugesetzten Verse preisen ihn als „*le Molière du chant*", ja sogar als „*le Racine*" der Musik (Wien, Gesellschaft der Musikfreunde).

NIC. PICCINI.
Avec une grace divine
Tour à tour comique et touchant
S'il est le Moliere du chant
Il n'en est pas moins le Racine.

Antonio Soler

Die Epoche des Rokoko war für die Aristokratie eine Zeit der gepflegten Muße in tändelnden, verspielten Gesellungen. Die Musik wurde als ein Mittel des gefällig zubereiteten Genießens – kammermusikalisch wie theatralisch – in dieser in hellen Farben getönten Lebenswelt weniger Jahrzehnte vorzugsweise gebraucht. In Spanien repräsentiert Antonio Soler diese Phase des anmutigen, tänzerisch motivierten Musizierens. Getauft am 3. Dezember 1729 in Olot de Porrera (Provinz Gerona), wurde er in der berühmten Chorschule des Klosters Montserrat ausgebildet. Er wurde Domkapellmeister zu Lérida, sodann bis zu seinem Tode am 20. Dezember 1783 als Angehöriger des Hieronymitenordens Organist und Kapellmeister im Kloster San Lorenzo in El Escorial (Provinz Madrid), wo der spanische Königshof die Sommermonate zu verbringen pflegte. Neben der Wahrnehmung der Pflichten als Kirchenmusiker leistete er in der Nachfolge Domenico Scarlattis und José de Nebras hochgeschätzte Dienste für das Theater sowie für die königliche Kammermusik. Spezifisch spanisch getönt waren die für diese Zwecke geschriebenen meist in kurze Phrasen gegliederten Klaviersonaten, Quintette, Konzerte, aber auch Fugen, Tientos oder Fandangos. Da er in einer Zeit des Übergangs lebte, berücksichtigte er sowohl die Tasteninstrumente Orgel und Cembalo als auch das Clavichord und das Hammerklavier. Auch als Theoretiker suchte er sich zu profilieren und international – etwa bei Padre Martini in Bologna – Anschluß zu finden. In Madrid 1762 und 1765 gedruckte Schriften vermitteln Anweisungen zum Improvisieren und Harmonisieren entsprechend den Hörbedürfnissen seiner iberisch-italienischen Abnehmer. – Mangels eines Porträts dieses sich den Konterfeiern entziehenden Mönchs sei hier das Faksimile eines Briefes vom 22. November 1772 an Padre Martini in Bologna abgedruckt (Biblioteca Musicale Giovanni Battista Martini, Bologna, Carteggio Martiniano vol. XXVI, I–22, fol. 120). Eine Umschrift dieses Briefes ist in ‚Anuario Musical' XII, 1957, S. 240 wiedergegeben.

Rev.mo P.e Drone Col.mo 120

Sento con tutta la mia anima la mancanza fatta per me a V. P.e Rev.ma, sopra l'obligo di consignarle la opera di V.P. Afango, molto piu che la medesima malattia e maligna febre che m'ha caggionato l'incomodo della amantissima Correspondenza. Ora poi che avanzai un poco di salute feci la copia con la maggior diligenza posibile, onde oggi resta la tale in mano dil Cavaglier D.n Jacomo Pistorini, chi la rimetterà con la convenienza di spesa nesuna n'ella prima ocasione si sia. S'asicuri V. P.e Rev.ma della sua fedeltà, acio che va ogni fogli conforme al suo originale.

Spero anche n'ella bontà di V. P.e Rev.ma si compatirà non solo di me ma insieme di questa lettera scrita nel idioma stragno con il quale si può spiegarmi. La prego di render gli mie rispetti al Cavagliero D.n Carolo, e cosi la desidero un totale compimiento di salute, e mi offero a servire in tutto a V. P.e Rev.ma e pieno di stima e venerazione passo a dichiararmi

Di V. P.e Rev.ma

S.to Lorenzo Nov.re gli 22 de 1772.

Um.o Dev.o Oblig.mo Serv.re

fr. Ant.o Soler

Johann Christian Cannabich

In der Geschichte der Dirigierpraxis als bedeutender Orchestererzieher bekannt und von seinen Zeitgenossen übereinstimmend als „bester Direktor" (Mozart) gerühmt, gehörte Johann Christian Innocenz Bonaventura Cannabich einer seit Generationen in Mannheim ansässigen Musikerfamilie an. Seine Sinfonien, Konzerte und Kammermusik, vor allem seine bis 1777 entstandenen dramatischen Ballette, die er gemeinsam mit Étienne Laudery verfaßt hat, oder seine Opernwerke sind nahezu in Vergessenheit geraten. Am 28. Dezember 1731 in Mannheim getauft, wuchs er bereits mit dreizehn Jahren als Schüler des böhmischen Geigers Johann Stamitz in die Hofkapelle von Mannheim hinein. Diese hatte sich bekanntlich im Hofstaat des Kurfürsten Karl Theodor von 1743 an zu einer leistungsstarken Institution entwickelt. Nach der Rückkehr Cannabichs von einem Studienaufenthalt in Italien, wo er bei Niccolò Jommelli in Rom studiert hatte, blieben ihm am Mannheimer Hof als Nachfolger seines Lehrers als Konzertmeister, ab 1774 als Direktor der Instrumentalmusik nur noch wenige Jahre ausgefüllter Tätigkeit. 1778 löste Karl Theodor seinen Hofstaat auf, um nach München zu gehen, wohin ihm die Mehrzahl seiner Musiker folgte. Das Mannheimer Haus Cannabichs, der als Musiker im In- und Ausland hohe Achtung genoß, war in der kurzen Zeit zum Treffpunkt für Künstler und Musikfreunde geworden. Auch für Wolfgang Amadeus Mozart, der zu Cannabich ein freundschaftliches Verhältnis hatte, war sein Heim ein wichtiger Zufluchtsort. Cannabich folgte seinem Fürsten 1778 nach München, wo er das Hoforchester leitete, das nach der allmählichen Zusammenführung mit dem pfälzischen Stammpersonal etwa zu drei Vierteln aus Mannheimer Musikern bestand und damals mit vierundachtzig Musikern zu den bedeutendsten Orchestern gehörte. Die unruhigen letzten Jahre des Jahrhunderts ließen Cannabich unstet werden; auf der Reise zu seinem Sohn Carl nach Frankfurt starb er am 20. Januar 1798. Cannabich, der den Stil seines Lehrers weiterführte, gilt als bedeutender Vertreter der jüngeren, aus Mannheim stammenden Generation, dem daran gelegen war, alle Instrumente am thematischen Aufbau einer Symphonie teilhaben zu lassen. – Das von Lorbeeren eingerahmte Porträtmedaillon des Düsseldorfer Stechers Egide (Aegidius) Verhelst (Verelst) wurde 1779 angefertigt (Mannheim, Städtisches Reiss-Museum).

Chretien Cannabich
Dedié a Son Altesse Serenissime Monseigneur
Le Prince Louis
Prince Hereditaire de Hesse Darmstadt &c. &c. &c.

Joseph Haydn

Die Frage nach den authentischen Porträts des „Lieblings unserer Nation", wie er 1766 in einem Wiener Diarium genannt worden ist, bewegt nach wie vor die Haydn-Forschung. Franz Joseph Haydn ist am 1. April 1732 zu Rohrau an der Leitha (Niederösterreich) getauft worden, wo er als zweites von zwölf Kindern eines Wagenbauers wahrscheinlich am Tage zuvor geboren worden war. Von dem Kapellmeister des Stephansdoms Georg Reutter dem Jüngeren als hoher, begabter Sopran nach Wien gezogen, genoß Haydn wie später sein Bruder Michael als Chorknabe eine praktische Ausbildung, der nach der Mutation einige Unterweisungen bei Nicola Porpora folgten. Ab 1761 diente er, der schon kompositorische Erfahrungen gesammelt hatte, als zweiter Kapellmeister des Fürsten Paul Anton Esterházy in Eisenstadt. Da im Verlauf der nächsten Jahre durch sein vielfältiges Schaffen, das neben Kammermusikwerken, Sinfonien und Musik für Soloinstrumente auch eine Reihe von Opern umfaßte, seine Popularität sehr wuchs, entstanden von 1768 an nicht zuletzt zur Werbung, auf die Haydn großen Wert legte, zahlreiche Bildnisse. So war etwa der erste Band seiner *‚Œuvres complettes'* mit seinem Bildnis versehen. Ab 1766 stand die Kapelle unter der alleinigen Leitung Haydns; sie konnte vergrößert werden und zog auf das Schloß Esterházy am Neusiedler See, wo sie bis zum Tode des Fürsten 1790 verblieb. Danach folgte der Komponist, mit einer hohen Jahrespension ausgestattet und zeitweilig unabhängig geworden, Einladungen nach London, der größten Stadt außerhalb Österreichs, die er besucht hat. Hochgeehrt starb Haydn am 31. Mai 1809 in Wien als Vollender des neuen Instrumentalstils. – Sein Äußeres ist bis ins Detail bekannt durch Berichte seiner Zeitgenossen, etwa die Charakterstudie, die Johann Georg Lavater anhand eines Schattenrisses vornahm: „Etwas mehr als Gemeins erblick ich im Aug' und der Nase. Auch die Stirne ist gut, im Mund was vom Philister." Václav Tomášek bezeichnet seine Gestalt als reinlich, klein, sein Gesicht blattervernarbt, in das die Perücke stets tief gezogen wurde. Eines der nur sechsundzwanzig authentischen Porträts, die Bleistiftzeichnung des Londoners George Dance vom 20. März 1794 (Fassung B) sei nebenstehend wiedergegeben (London, Royal College of Music, 25,5 × 19 cm).

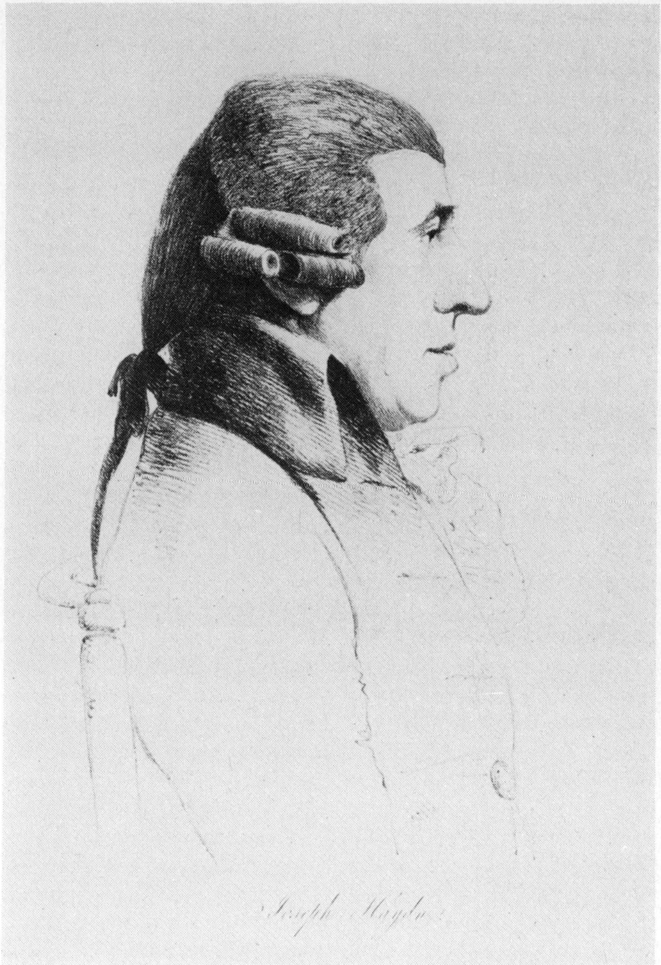
Joseph Haydn

Johann Christian Bach

Innerhalb seiner protestantischen Familie als Konvertit mit einiger Reserviertheit angesehen, gehörte der jüngste Sohn Johann Sebastian Bachs, Johann Christian Bach, zu den strahlenden Erscheinungen des Mailänder, später Londoner Konzertlebens. Am 5. September 1735 wurde er in Leipzig geboren und erhielt, nachdem der Vater gestorben war, seine Ausbildung bei seinem älteren Bruder Carl Philipp Emanuel. In der anregenden Atmosphäre unter den führenden Musikern des Berliner Kreises wurde er Klavierspieler und Komponist. 1754 ging er nach Mailand, um bei Padre Martini weiterzustudieren, dem er zeit seines Lebens verbunden blieb. Da Bach in Mailand als Organist am Dom nahezu ausschließlich geistliche Werke zu komponieren hatte, während seine Verbindungen zum dortigen Opernhaus mißbilligt wurden, kam er bereitwillig dem Wunsch der jungen englischen Königin Sophie Charlotte nach, die einen deutschen Musikmeister um sich haben wollte, und wechselte 1762 nach London über. Auf Grund der Kontakte, die sich ihm durch seine Stellung im höfischen Dienst eröffneten, und durch seine Beziehungen zu den Opernhäusern und zum Konzertleben wurde der „*Saxon master of music*" zu einem gefeierten gesellschaftlichen Mittelpunkt. Gemeinsam mit dem letzten Gambenvirtuosen Carl Friedrich Abel bezog er ein Haus in Soho und gründete die vielbeachteten Bach-Abel-Konzerte (ab 1764), die nahezu bis zu Bachs Tod am 1. Januar 1782 durchgeführt wurden. Abgesehen von Reisen nach Mannheim, für dessen Opernhaus seine Erfolgsopern ‚*Temistocle*' (nach einem Libretto von Pietro Metastasio) und ‚*Lucio Silla*' entstanden, hielt sich Bach ständig in London auf. Ihm blieb es nicht erspart, mitzuerleben, wie seine Popularität in seinen letzten Lebensjahren rapid abnahm. In finanzielle Schwierigkeiten geraten, suchte er Zuflucht beim Alkohol und starb hoch verschuldet und kaum beachtet. Erst in jüngster Zeit bemüht man sich darum, Zugang zu seinem vielgestaltigen Schaffen zu finden. – In London wurden von dem gefeierten Weltmann nicht nur Stiche und eine Büste angefertigt, es entstanden 1776 auch zwei Gemälde von der Hand des Gesellschaftsmalers Thomas Gainsborough. Eines dieser Porträts sandte Bach 1778 an seinen alten Lehrer Padre Martini (heute im Civico Museo Bibliografico Musicale in Bologna), das zweite hat seinen Platz in ‚The Earl of Hillingdon's Collection' in London gefunden.

Johann Georg Albrechtsberger

Als Lehrer bekannter Musiker gehört Johann Georg Albrechtsberger zu jenen Theoretikern und Komponisten, die sich besonders in ihren bedeutenden Schülern ein bleibendes Andenken erhalten haben. Sein kompositorisches Schaffen ist zu Lebzeiten kaum im Druck erschienen; seine 284 Kirchenkompositionen, 278 Werke für Tasteninstrumente und 193 Stücke für diverse Instrumentalbesetzungen brachten jedoch durch den Gebrauch ungewöhnlicher Instrumente – wie etwa der Maultrommel – einen ‚modernen' Ton in diese Zeit. Wurde er von Joseph Haydn „unter den Wiener Meistern" als „der beste Lehrer der Komposition" geschätzt und anempfohlen, so gehörten zu seinen Schülern Joseph von Eybler, Johann Nepomuk Hummel, Joseph Weigl und Ludwig van Beethoven. Albrechtsberger wurde am 3. Februar 1736 in Klosterneuburg geboren; sein Weg führte ihn über die Lateinschule der Benediktinerabtei Melk an das Wiener Jesuitenseminar. Von 1760 an diente er als „Orgelfabricator" und Organist in Melk und folgte 1771 einem Ruf als *regens chori* bei den Wiener Karmeliten (später Sankt Josephus). Diese Stelle tauschte er 1772 gegen die eines zweiten Hoforganisten sowie die des Nachfolgers seines Freundes Wolfgang Amadeus Mozart in kaiserlichen Diensten ein. Nach dem Tode des damals amtierenden Domkapellmeisters am Stephansdom, Leopold Hofmann, 1793, übernahm er dessen Amt, das er bis zu seinem Tode am 7. März 1809 versah. Diese Position, in der er mit den Bedeutenden am Hofe bekannt wurde, ja Freundschaften schloß, verschaffte Albrechtsberger Einfluß und Namen. Seine theoretischen Werke ‚Gründliche Anweisung zur Komposition' (1790), ‚Kurzgefaßte Methode, den Generalbaß zu erlernen' (1792), seine ‚Klavierschule für Anfänger' (1808) und einige kleinere Abhandlungen bilden – der Konvention verhaftet und zu ihrer Zeit sehr bekannt – eine Brücke zwischen den Meistern des strengen Satzes und dem Neuerer Beethoven. – Das vermutlich von Joseph Sonnleithner in Auftrag gegebene Gemälde, das noch heute in den Räumen der Gesellschaft der Musikfreunde in Wien hängt, ist nicht hinreichend auf Herkunft und Daten untersucht worden. Daher sei hier eine Lithographie von Christoph Heckel abgebildet, die 1827 posthum nach einem Gemälde von Gandolf Stainhauser von Treuberg angefertigt worden ist (Wolfenbüttel, Herzog August Bibliothek, 12,2 × 10,9 cm).

Carl Fasch

Der Begründer der Berliner Singakademie, Carl Friedrich Christian Fasch, ist auf der nebenstehenden Radierung von Karl Traugott Riedel nach Gottfried von Schadows Vorlage als restaurativ sich verstehender Kirchenmusiker dargestellt. Das vollständige Blatt, aus dem hier nur das als Medaillon gefaßte Detail herausgegriffen wurde (Münster, Westfälisches Landesmuseum, Porträtarchiv Diepenbroick, Inv. Nr. 1235), zeigt den Meister in einem gotischen Kirchenfensterflügel, in dessen Oberfeld fünf weibliche Gestalten, unter ihnen möglicherweise die heilige Cäcilie mit Portativ, musizieren. Carl Fasch, am 18. November 1736 geboren, wuchs in der von Strenge geprägten Atmosphäre seines Vaters, des Hofkapellmeisters der Kleinresidenz Zerbst, auf und wurde nach einer gründlichen Ausbildung auf Empfehlung Franz Bendas als Nachfolger Christian Nichelmanns 1756 zum zweiten Cembalisten neben Carl Philipp Emanuel Bach an den preußischen Hof zu Potsdam bestellt. In diesem Amte hatte er die Flötenkonzerte des Königs „auf dem Fortepiano zu accompagnieren“ (Zelter). Der Ausbruch des Siebenjährigen Krieges bereitete seiner geregelten Hoftätigkeit ein vorläufiges Ende und trieb den jungen Musiker zu teils recht skurrilen Exerzitien, wie Patiencenlegen, Rechen- und Zahlenspielereien, die sich in seinen späteren naturwissenschaftlichen Arbeiten etwa über ‚Die Fortpflanzung des Tones‘ niederschlugen. Nach dem Tode Friedrich Agricolas leitete er von 1774 bis 1776 interimistisch die königliche Oper in Berlin. Zum ausgezeichneten Lehrer geworden, entwuchs Fasch in den achtziger Jahren den höfischen Pflichten nahezu völlig und begann mehr und mehr zu privatisieren. Aus einer Singgemeinschaft, die aus seinem Schülerkreis hervorgegangen war, wurde ein zwanzig Schüler umfassender Chor, dem Fasch fortan seine kompositorischen Arbeiten widmete. Die daraus entstandene Akademie mit fester Organisation, die das Studium Johann Sebastian Bachscher Werke zum Inhalt hatte, konnte 1800 dem langjährigen Schüler Friedrich Zelter übergeben werden als eine Vereinigung, die am Beginn der Pflege des bürgerlichen Chorgesangs in Deutschland stand. Fasch, der in seinen Werken dem auf Monumentalität hinzielenden Vokalstil des Orazio Benevoli folgte, hatte Weisung gegeben, seine Manuskripte bei seinem Ableben zu verbrennen. Sein Gesamtœuvre stellt sich uns heute deshalb nur fragmentarisch dar.

Michael Haydn

Johann Michael Haydn stand zeit seines Lebens im Schatten seines älteren Bruders Joseph. Am 13. (?) September 1737 in Rohrau (Niederösterreich) geboren, folgte er dem Bruder an den Stephansdom in Wien, wo er wie jener von Georg Reutter dem Jüngeren unterwiesen wurde, bis ihm die Stelle eines Kapellmeisters des Bischofs von Großwardein angeboten wurde. Von dort wechselte er 1763 nach Salzburg über in den Dienst als „Hofmusicus und [2.] Concertmeister" mit jährlich 300 Gulden und Gewährung der Teilnahme an der Offizierstafel (die Leopold und Wolfgang Amadeus Mozart versperrt blieb). In seinen Werken, insbesondere den Gesängen für Männerchor, in denen er die Männerchorbewegung des 19. Jahrhunderts bereits vorwegnahm, aber auch in seiner deutschsprachigen Kirchenmusik kam er der Tendenz der Volksfrömmigkeit, die in diesen Jahren besonders intensiviert wurde, sehr entgegen. Überdies hatte er sich seit 1782 in den Dienst kirchenmusikalischer Reformen des Fürsterzbischofs Hieronymus Colloredo gestellt. 1790 konnte er den ersten Teil des von Colloredo eingeführten deutschen Gesangbuchs, eine Überarbeitung des Gesangbuchs von Landshut (1777), das durch Haydn „vermehrt und verbessert" worden war, mit vorlegen. Ab 1773 hatte er die Stelle als erster Konzertmeister und ab 1777 die als Organist wahrzunehmen, so daß er trotz verlockender Angebote von auswärts eine vierundvierzig Jahre währende Amtszeit in Salzburg verbrachte. Seinen vielfältigen Aufgaben entsprechend hat Haydn Werke verschiedenster Gattungen geschrieben: Opern, Singspiele, zahlreiche Messen (deutsche Hochämter) sowie eine Anzahl Gesänge, Lieder und Instrumentalmusik. Haydn, der in seinen Kreisen außerordentlich geschätzt war, hinterließ bei seinem Tode am 10. August 1806 nur einige wenige Habseligkeiten. Durch eine lange Krankheit war er offensichtlich gezwungen gewesen, seinen gesamten Besitz zu veräußern. Ein anonymes Gemälde, das heute lediglich durch die Kopie von Sebastian Stief (1811–1889) bekannt ist, wurde zur Vorlage für eine große Zahl von Stichen. Das Gemälde befindet sich in der Salzburger Erzabtei Sankt Peter.

Josef Mysliveček

Josef Mysliveček (Myslivèček, Mysliweczek), der am 9. März 1737 in den Kleinseitner Sova-Mühlen auf der Moldauinsel Kampa geboren worden ist, konnte sich erst 1762, nachdem seine sechs nach den ersten Monaten des Jahres benannten Sinfonien bei ihrer Uraufführung mit Beifall aufgenommen worden waren, dazu entschließen, das Komponieren seinen anderen Studien vorzuziehen. Wie sein Vater zum Müller bestimmt, hätte er den väterlichen Betrieb übernehmen sollen, widmete sich jedoch seit 1750 mehr und mehr dem Komponieren unter Anleitung des schon damals nahezu vergessenen Frantiček Váda Habermann in Prag. Aufgrund dieser Unterweisung knüpfte Mysliveček bei der Opernsinfonie Alessandro Scarlattis an, ohne von den Bemühungen etwa am Hof zu Mannheim zu wissen. 1763 ging er nach Italien, wo er bis zu seinem Tode in Rom am 4. Februar 1781 ein aufwendiges, erfolgreiches Leben als Opernkomponist führte, sieht man von zwei Reisen nach München ab, wohin ihn verlockende Angebote zogen. Anpassungsgewandt wurde er ein außerordentlich guter Kenner der italienischen Sprache, wovon bereits seine erste Oper ‚Medea' Zeugnis ablegt. Seine siebenundzwanzig Opern sind durch rückhaltlose Übernahme konventioneller Formen der neapolitanischen Oper gekennzeichnet, in der die *prima donna* und der *prim'uomo* die Hauptdarsteller waren, die in ihren Koloraturarien wenig Gelegenheit bekamen, sich zu Persönlichkeiten zu profilieren. Die Ornamentik der Solopartien, denen gegenüber das Orchester nur eine untergeordnete Rolle spielen durfte, beherrschte der Komponist meisterhaft. Dies beweist auch das instrumentale Schaffen, über das Mozart, mit dem er einige Male zusammentraf, schreibt: „. . . sie sind ganz leicht und gut ins gehör . . . Deñ das sind Sonaten welche allen leuten gefallen müssen, leicht auswendig zu lernen sind, und aufsehen machen, weñ man sie mit gehöriger Precision spiellt." Nach Myslivečeks Tode ließ ihm sein Gönner und Schüler Sir Barry an seiner letzten Ruhestätte San Lorenzo in Lucina ein heute nicht mehr auffindbares Denkmal errichten. – Von dem Pastellmaler Georg Friedrich Schmidt stammt ein treffliches Bildnis des selbstbewußten Komponisten. Da jedoch derzeit nur ein Stich von A. Niederhofer aus František Martin Pelcls ‚Abbildungen böhmischer und mährischer Gelehrten und Künstler', Bd. IV, Prag 1782, greifbar ist, sei dieser zur Illustration wiedergegeben.

Joseph Misliweczek

Johann Baptist Vanhal

Jan (Joseph, Johann) Křtitel (Baptist) Vanhal (Wanhal, Vanhall, van Hal und ähnlich) wurde am 12. Mai 1739 im tschechischen Nechanice geboren und gehört zu den ersten Musikern, die sich vom Ertrag ihrer Werke sowie ihres Lehrens als freiberuflich Tätige ernähren und auf eine feste Anstellung bei Hofe verzichten konnten. Der Sohn eines tschechischen Bauern kam 1760 nach Wien, nachdem er in seiner Heimat autodidaktisch seine Fähigkeiten zum Komponieren ausgebildet hatte und bereits Organist in Opočno gewesen war. Bis ihm Baron Rietsch 1769 einen zweijährigen Italienaufenthalt ermöglichte, arbeitete Vanhal bei Carl Ditters von Dittersdorf und lebte ohne feste Anstellung. In Italien traf er mit Christoph Willibald Gluck und seinem Landsmann Leopold Gaßmann zusammen, mit dem er 1771 nach Wien zurückkehrte. Zuvor hatte er in Florenz zwei Opern zur Aufführung gebracht. Bis 1780 zog er sich auf die Güter des Grafen Erdödy zurück, um dann als „privatisierender Tonkünstler" (Johann Nikolaus Forkel) in Wien zu leben, wo er am 26. August 1813 starb. Sein Verdienst bestand darin, entscheidend auf die Wiener Sinfonik späterer Jahre gewirkt zu haben. Seine Sinfonien, Streichquartette, Streichtrios, Klavierduette, Sonaten und Orgelkompositionen wurden in den bedeutenden Zentren des Notendrucks verlegt: in Amsterdam, Berlin, Bonn, Hamburg, Lyon, Mainz, Paris und Wien. Johann Friedrich Rochlitz charakterisierte die Werke Vanhals in der ‚Allgemeinen Musikalischen Zeitung' vom 19. Januar 1814 als „zeitgemäß im guten Sinne". Wie Anton Koželuch lag es Vanhal daran, Klavierkonzerte zu schreiben, die vom Cembalo-Kammerstil abwichen und nach Art großangelegter Solistenkonzerte konzipiert waren. Durchsetzt mit Elementen aus der tschechischen Volksmusik, sind seine Werke Zeugnisse eines böhmischen Emigranten, der das Bewußtsein des Exulantentums nie hat ablegen können. – An bildlichen Darstellungen Vanhals sind zu nennen ein Silhouetten-Kupferstich von Boßler, mehrere Stiche nach dem Miniaturmaler und Porträtisten Johann Adamek und jenes Ölgemälde eines unbekannten Meisters, das noch heute im Besitz der Gesellschaft der Musikfreunde in Wien (Kammersaal, Öl auf Leinwand, etwa 55 × 44 cm) ist. Es gehört in die Tonkünstler-Galerie, die im Auftrag von Joseph Sonnleithner entstand.

Carl Ditters von Dittersdorf

Carl Ditters von Dittersdorf, am 2. November 1739 in Wien geboren und am 24. Oktober 1799 auf Schloß Rothlhotta, im Bezirk Pilgram in Böhmen gestorben, genoß eine gründliche Erziehung, bevor er als Kammerknabe an den Hof von Josef Maria Friedrich Wilhelm Prinz von Sachsen-Hildburghausen ging. Von dort als Geiger an das Wiener Hofopernorchester vermittelt, sah er sich nicht in der Lage, sich dem geregelten Orchesterdienst anzupassen. Er übernahm daher 1765 die Nachfolge Michael Haydns als Kapellmeister beim Bischof von Großwardein in Ungarn. Seiner Theaterliebe konnte er dort freien Lauf lassen, er gründete ein kleines Theater im Schloß und führte eigene Opern auf, etwa *‚Amore in musica'*. Ein Verweis der Kaiserin, die ihn des unangemessenen Verhaltens in der Fastenzeit bezichtigte, führte jedoch 1769 zur Auflösung der Kapelle, so daß Dittersdorf in den Diensten des Fürstbischofs von Breslau von vorn anfangen mußte. Wieder verstand er es, eine kleine Bühne einzurichten, die ihn in den Jahren 1770 bis 1777 zu elf *opere buffe* inspirierte. Er wurde in den Adelsstand erhoben, zum Amtshauptmann von Freiwaldau ernannt und erhielt das Amt des Forstmeisters im Fürstentum Neiße. Er stand in hohem Ansehen und gewann die Freundschaft Joseph Haydns, Johann Baptist Vanhals, Wolfgang Amadeus Mozarts und Giovanni Paisiellos, mit denen er sich zu gelegentlichem Musizieren traf. Nach dem Tode des Fürstbischofs wurde er mit 353 Talern jährlicher Pension aus dem Dienst entlassen. Durch Gicht fast gelähmt, starb er auf Rothlhotta, wo er seine letzten Jahre als Gast des Barons Ignaz von Stillfried verbracht hatte. Dittersdorfs unbeschwerte Gesellschaftsmusik sicherte ihm frühen Ruhm und ist bis heute auf den Konzertpodien anzutreffen. Sein Hauptwerk ‚Doctor und Apotheker' unterdes bezeichnet eine wichtige Station auf dem Wege zur deutschen komischen Oper. – Karl Traugott Riedel schuf die Vorlage zu nebenstehendem Kupferstich. Das hier vorgestellte Medaillon nach Riedels Vorlage von Hieronymus Löschenkohl dürfte 1786, im Jahre der Uraufführung seiner Erfolgsoper ‚Doctor und Apotheker' und der Herausgabe seiner 12 Sinfonien nach Ovids ‚Metamorphosen', gestochen worden sein, da in der Legende auf Ovid Bezug genommen wird (Wien, Gesellschaft der Musikfreunde).

Carolus Ditters a Dittersdorf.
.... Nomenque erit indelebile
Ovid: Metamorph. LibXV. v.878

Carl Michael Bellman

Als in seiner Art genialer Dichter-Sänger war Carl Michael (Mikael) Bellman nach Überwindung einer Phase religiöser und moralisierender Gedichte schon in seiner Jugend wegen seiner satirischen Trinklieder in der Gesellschaft gesucht. Er wurde am 4. Februar 1740 in Stockholm geboren. Mit einer „*svenska lutan*" (der schwedischen Laute aus der Werkstatt des Klavierbauers M. P. Kraft, der sie entwickelt hatte) trug er seine Lieder selbst vor. Von seiner Beamtentätigkeit, die er in verschiedenen Positionen ausübte, wurde er 1775 durch König Gustav III. gegen eine gute Pension freigesetzt und zu dessen Hofsekretär, 1793 sogar zum Mitglied der königlich schwedischen Akademie ernannt. Seit der Thronbesteigung Gustavs III. erlebte Schweden eine kulturelle Hochblüte, an deren Zustandekommen Bellman als Bindeglied zwischen Hof und Volk wesentlichen Anteil hatte. Die von ihm gewählten Melodien waren nicht selten den Märschen, Tänzen und Stücken aus der *opéra comique* entlehnt. Sie wurden rasch populär und bildeten zusammenhängende Zyklen, die autobiographisch verstandene Titel trugen wie ‚*Fredmans Epistlar*', worin er sich als Sänger des Friedens verstand. Erst mit dem Aufschwung schwedischer Drukkereiwerkstätten konnten diese Sammlungen jedoch gedruckt werden: ‚*Bacchi Tempel*' (1783), ‚*Fredmans Epistlar*' (1790) oder ‚*Fredmans Sånger*' (1791). Bis zu seinem frühen Tode war Joseph Martin Kraus Bellmans Freund, der einige von dessen melancholischen Gedichten in sensible Klavierlieder setzte. Nach dem Sturz und der Ermordung König Gustavs III. (1792), der dem Dichter-Sänger zum uneingeschränkten Förderer und Gönner geworden war, verlor Bellman alle seine Ämter, kehrte in sein unbürgerliches Leben zurück und starb verarmt am 11. Februar 1795. Seine Lieder sind bis heute lebendig geblieben. – In den ersten Jahren seines Hofamtes ist das Porträt von Peter Krafft dem Älteren für die Gemäldesammlung des Königs entstanden. Es zeigt den Sänger in höfischer Kleidung und mit seinem Instrument. In Abwandlung der Gepflogenheit, Musikern auf ihren Bildnissen ein Notenblatt als Insignie beizugeben, trägt Bellman seinen Text in der Brusttasche; es war ihm verboten, sich bei Darbietungen auf schon Publiziertes zu stützen. Das Bild ist in das Jahr 1779 datiert und trägt die Unterschrift „*Poëtens Bellman*". Heute hängt es in der Galerie des Nationalmuseums auf Schloß Gripsholm (Inv. Nr. 1061).

Johann Gottlieb Naumann

Schwedens kultureller Aufschwung vollzog sich nicht nur dank der Persönlichkeit Carl Michael Bellmans, sondern auch mit Hilfe von Johann Gottlieb Naumann, den König Gustav III. 1777 nach Stockholm berufen hatte. Der am 17. April 1741 zu Blasewitz bei Dresden Geborene war nach seiner Schulzeit in der Kreuzschule zunächst für einige Jahre nach Italien gereist, um bei Giuseppe Tartini in Padua, später bei Padre Martini in Bologna und Johann Adolf Hasse in Venedig zu studieren. Auf Vermittlung Hasses wurde Naumann nach diesen Jahren von der Kurfürstin-Witwe Maria Antonia als zweiter Kirchenkompositeur an den Dresdener Hof berufen, avancierte aber nach Opernerfolgen in Italien, die seinen Ruf begründeten, zum kurfürstlichen Kapellmeister. Darauf betraute ihn Gustav III. mit der Reform der Hofkapelle und zog ihn zur Verwirklichung seiner Opernpläne heran. Aufgrund der hier entstandenen Opern, etwa *‚Cora och Alonzo'* nach einem Text des schwedischen Dichters G. G. Adlerbeth, die zur Eröffnung des neuen Opernhauses 1782 uraufgeführt wurde, wie der Oper ‚Gustav Wasa' nach einem Plan des Königs und dem Text von J. H. Keldgren, wurde Naumann neben Joseph Martin Kraus zum Schöpfer der schwedischen Nationaloper, die bis ins 19. Jahrhundert anerkannt und geschätzt wurde. 1786 folgte Naumann dem ehrenvollen Ruf, als Oberkapellmeister an den Dresdener Hof zurückzukehren. Dort starb er nach schaffensreichen Jahren am 23. Oktober 1801. Naumanns Opernschaffen steht besonders in seinen schwedischen Werken dem französischen Geschmack nahe; durchsetzt ist es mit Stilelementen, die in die Frühromantik weisen. Damit rückte er in die Nähe der Gluckschen Reformoper, die jedoch den Einfluß Italiens und des Nordens in sich vereinigt. Seine letzten Jahre sind geprägt vom Rückgriff auf Barocktraditionen, von denen er sich namentlich während seiner Tätigkeit in Schweden gelöst hatte. *‚La clemenza di Tito'*, ‚Soliman', die in freimaurerischem Sinne konzipierte Oper *‚Osiride'*, dazu ‚Orpheus', ‚Medea' und *‚Protesilao'* gehören neben den der Berliner Schule nahestehenden Liedern und einiger Kammermusik zu seinen wichtigsten Werken. – Anton Graff hat den Freund in schwarzer und weißer, grau lavierter Kreide entweder nach dessen Rückkehr aus Schweden 1786 oder zur Zeit seines Aufenthalts bei ihm 1800 festgehalten (Dresden, Staatliche Kunstsammlungen, 26,9 × 20,6 cm).

Giovanni Paisiello

Die Frauenmalerin, die nur wenige männliche Bildnisse geschaffen hat und die Lieblingsmalerin Marie Antoinettes war, Elisabeth Vigée-Lebrun, hat 1791 Giovanni Paisiello (Paesiello) in Neapel auf ihrer Flucht vor der Revolution gemalt. Das Gemälde, das heute im Musée de Versailles hängt, wurde häufig kopiert, freilich unter Weglassung der präzis wiedergegebenen Noten, die vor ihm auf dem Instrument liegen. Die Titelseite eines 1791 in Neapel entstandenen ,*Te Deum*' liegt quer über zwei Opernausgaben, obenauf ,*Il Pirro*', die beide 1787 entstanden waren. Er selbst trägt die Kleidung der Revolutionszeit: einen Tuchfrack, bei dem auf jegliche Stickerei, Tressenbesatz, Revers und Taschen verzichtet worden war (Musées nationaux, Inv. Nr. MV 4556). Paisiello, als Sohn eines Tierarztes am 9. Mai 1740 in Tarent geboren, hat ein überaus erfolgreiches und bewegtes Leben geführt. Als Opernkomponist stand er zunächst in der Gunst des italienischen Publikums, dann des russischen Hofes, wo er ab 1776 eine feste Anstellung als Komponist erhielt. Sein Talent lag auf dem Gebiet der derben Buffo-Oper, die er in der Zeit seiner Petersburger Tätigkeit zu hoher Perfektion weiterentwickelte. ,*La serva Padrona*' (1781), vor allem aber ,*Il Barbiere di Siviglia*' (1782) gehören zu seinen unbestrittenen Erfolgsopern, so daß es die Vertonung des ,Barbier-Stoffs' durch Gioacchino Rossini zunächst schwer hatte, wohlwollende Aufnahme zu finden. Nachdem Paisiello 1784 zum Hofkapellmeister und Hofkomponisten in Neapel ernannt worden war, verließ er Petersburg und feierte an seinem neuen Wirkungsort mit einer Reihe von Opern, unter anderen mit ,*Nina ossia la Pazzo per amore*', triumphale Erfolge. Nach den politischen Wirren, die den Antritt seiner Stellung als Direktor der ,*Musica nazionale*' in Paris vereitelt hatten, konnte er unter Napoleon als *Maestro* in dessen persönlicher Kapelle nach Paris gehen. Die im Folgejahr entstandenen Kirchenmusikwerke sind heute nahezu in Vergessenheit geraten, brachten ihm jedoch den Ruf als Kapellmeister beim erzbischöflichen Stuhl ein. Mit dem während der Zeit als Direktor des *Collegio Reale di Musica* in Neapel komponierten Stück ,*Pittagorici*' nach einem Text von Vincenzo Monti endete sein etwa 100 Opern umfassendes Schaffen. Trotz der großen Verehrung, die Paisiello genoß, starb er am 5. Juni 1816 verarmt und einsam.

André Ernest Modeste Grétry

André Ernest Modeste Grétry, dessen *‚Mémoires ou Essais sur la Musique'* in drei Bänden schon zu seinen Lebzeiten im Druck erschienen, war vom aufklärerischen Geist erfüllt und sah den Künstler als Wahrheits- und Freiheitskünder in einer Zeit, in der Musiker mehrheitlich an Obrigkeiten gebunden waren. Am 11. Februar 1741 in Lüttich geboren, ging Grétry nach Rom und Bologna, um, mit einem Diplom von Padre Martini ausgerüstet, seine Laufbahn als Opernkomponist zu beginnen, was ihm nach anfänglichen Mißerfolgen in Rom später in Paris gelang. Seine Sujets, Themen aus der Alten Geschichte, Märchen, Boulevard-Farcen, Schäferstücke und satirischen Werke, halten sich an den Geschmack seiner Zeit und die Forderungen des französischen Stils in der zweiten Hälfte des 18. Jahrhunderts. *‚Le Huron', ‚Lucile', ‚La Rosière de Salency', ‚Zémire et Azor', ‚Les deux Avares'* oder *‚Le Tableau parlant'* sind einige der Titel, die mit großem Beifall aufgenommen wurden. Unter dem Eindruck der Französischen Revolution, in deren Verlauf er seine drei Töchter verlor, gab er seine kompositorische Tätigkeit auf. Nach anfänglich leidenschaftlicher Zustimmung zu den Idealen der Revolution hatten ihn die Schrekkensjahre müde gemacht, so daß er sich nur mehr seinen philosophisch-literarischen Plänen zuwandte. Dabei formulierte er in musikalischen Reflexionen vieles, worauf Richard Wagner später zurückkommen sollte, etwa Überlegungen über staatliche Institutionen in ihren Beziehungen zur Musik als Kunst, über die Freiheit, über den Einfluß freier Regierungen auf die Künste, über die Realität des Theaters oder die falsche Konstruktion der Konzertsäle. 1795 wurde Grétry zu einem der fünf *Inspecteurs de l'enseignement* am neu gegründeten *Conservatoire* in Paris gewählt, im selben Jahr auch zum Mitglied des *Institut de France.* Am 24. September 1813 starb er in der von ihm erworbenen *Ermitage* von Jean-Jacques Rousseau in Montmorency bei Paris, dessen denkerische Nachfolge er anzutreten sich bemüht hatte. – Das hier vorgestellte Porträt, das ebenfalls von Elisabeth Vigée-Lebrun als Auftragswerk der *Academie Royale de Peinture de Paris* angefertigt worden ist, dürfte in dem Jahr entstanden sein, da Grétry seinen außergewöhnlichen Erfolg mit seinem *opéra-ballett ‚La caravane du Caire'* feiern konnte, das bis 1829 nicht weniger als 506 Aufführungen erlebt hat (Musée de Versailles, Inv. Nr. MV 5877).

Luigi Boccherini

Unter den Komponisten, die während oder nach Joseph Haydn für die Streicherkammermusik Entscheidendes leisteten, steht Luigi Boccherini an erster Stelle. Gemeinhin als ‚Schöpfer‘ des Streichquintetts apostrophiert, einer Besetzung, in der zur Streichquartettbesetzung ein selbständiger Cellopart hinzukam, verfolgte der als Violoncellovirtuose reisende Künstler einen eigenwilligen Weg. Am 19. Februar 1743 in Lucca geboren und am 28. Mai 1805 in Madrid gestorben, war er an verschiedenen Höfen ein gern gehörter Künstler. Gemeinsam mit Filippo Manfredi, einem Schüler Pietro Nardinis, unternahm er nach seiner Ausbildung in Rom ausgedehnte Studien- und Konzertreisen. Nach ihren Erfolgen in Wien und Paris zogen beide 1769 nach Madrid, wo Boccherini sich in den Dienst des Infanten Don Luis und nach dessen Tod in den der Herzogin von Benavente als Kammerkomponist und -virtuose stellte. Ab 1787 führte er auch diverse Kompositionsaufträge für den Cello spielenden König Friedrich Wilhelm II. von Preußen aus, ohne seinen Wohnsitz in Madrid aufzugeben. Aus ungemein großer Produktivität heraus schuf er über 300 Werke, die ausschließlich Streicherbesetzungen erfordern; sie sind nicht nur durch ihre thematisch-motivische Ausführung gekennzeichnet, sondern auch durch originelle Vortragsbezeichnungen, wie etwa: *lentarello, malincolico, smorfioso* oder *con imperio.* Da Boccherini hauptsächlich Kammermusik zu liefern hatte, sind seine Vokalkompositionen oder Orchesterwerke weniger gewichtig und haben ihren Schöpfer nicht überlebt, so daß heute lediglich einige Solokonzerte, Quartette und Quintette geläufig sind. Es ist anzunehmen, daß Boccherini seine Kapellmeisterstelle gegen Ende seines Lebens verloren hat, da er in größter Bescheidenheit leben mußte, nachdem er, seinem Porträt nach zu urteilen, ehemals als begehrter Höfling aufzutreten gewohnt war. – Das hier wiedergegebene großformatige Bildnis wird dem Maler Pompeo Batoni zugeschrieben. Es ist eine fotografisch genaue Charakterisierung des brillanten Virtuosen. Boccherini hält hier ein damals modernes Instrument mit vier Saiten in den Händen, dem noch der heute übliche Stachel fehlt; daraus läßt sich schließen, daß das Porträt um 1760 gemalt worden ist, zu einem Zeitpunkt, zu dem der geschätzte Hofmaler seine Werkstätte in Rom eröffnet hatte (Zürich, Schweizerisches Institut für Kunstwissenschaft, 133 × 89 cm).

Johann Abraham Peter Schulz

Einer der populärsten Liederkomponisten Deutschlands, Johann Abraham Peter Schulz (Schultz), hat neben seinem musikalischen Werk auch drei Fragmente einer Lebensbeschreibung hinterlassen, die erst lange nach seinem Tode im ‚Tonkünstlerlexikon Berlins von den ältesten Zeiten ...' von C. v. Ledebur 1861 veröffentlicht worden sind. Zuvor hatte Johann Friedrich Reichardt (1800) eine Biographie seines Freundes herausgegeben und diesem „heiteren Liedermann des Volkes" somit ein Denkmal gesetzt. Am 31. März 1747 in Lüneburg getauft, kam Schulz zunächst nach Berlin, wo er der Schüler und Schützling des strengen Johann Philipp Kirnberger wurde. Ab 1768 begleitete er die Fürstin Sapieha, Woiwodin von Smolensk, als musikalischer Betreuer und lernte auf seinen Reisen Österreich, Italien und Frankreich kennen, bevor er sich wieder für einige Jahre in Berlin niederließ. Seine ‚Gesänge am Klavier' (1779), besonders aber seine einige Jahre später ins Dänische und Englische übersetzten ‚Lieder im Volkston' erreichten für damalige Zeiten höchste Auflageziffern und sicherten ihrem Autor rasch Popularität. Aus seiner Feder stammt die Vertonung des Gedichtes ‚Der Mond ist aufgegangen' von Matthias Claudius, das seit seiner Entstehung als eines der vertrautesten deutschen Lieder gilt. Viele Jahre hindurch wußte Schulz einen produktiven Austausch mit Poeten wie Heinrich Voss zu unterhalten, der ihm vorzügliche Texte lieferte. Als Kapellmeister und Hofkomponist des Prinzen Heinrich von Preußen in Rheinsberg hatte er dagegen vor allem Werke nach französischem höfischem Vorbild abzuliefern und geriet durch sein Eintreten für die nationelle Musik in Widerspruch zu den Adelskreisen, so daß er sich 1787 entschloß, seinen Abschied zu nehmen. Neuerlich in der Funktion eines Hofkapellmeisters und Direktors des königlich dänischen Theaters übersiedelte er nach Kopenhagen. Er veröffentlichte dort Schriften zum Schulsystem. Die Studie ‚Gedanken über den Einfluß der Musik auf die Bildung eines Volkes' (Kopenhagen 1760) ist viel beachtet worden. An den Folgen einer unheilbaren Schwindsucht starb er nach rastloser Heilungssuche bereits am 10. Juni 1800 in Schwedt an der Oder. – Der hier gewählte Stich von Friedrich Jügel (Juegel) aus dem Jahre 1794 ist ein Nachstich des Ölporträts von Johann Christoph Frisch, das ihn als Höfling wiedergibt (Deutsche Staatsbibliothek, Berlin/DDR).

Christian Gottlob Neefe

Christian Gottlob Neefe gehörte zu den Musiklehrern des jungen Beethoven, der ihm elfeinhalbjährig für den Fall seiner Abwesenheit als ,,Vertreter" (Vikar) in seinem Amt als Hoforganist in Bonn anvertraut worden war. Am 5. Februar 1748 in Chemnitz geboren, konnte Neefe zunächst mit Hilfe eines Stipendiums seiner Vaterstadt in Leipzig Rechtswissenschaften studieren, wandte sich jedoch nach wenigen Jahren der Komposition zu, wozu ihn sein Mentor Johann Adam Hiller bewegte. Schon als Zwölfjähriger hatte er begonnen ,,allerlei Kleinigkeiten unter erborgten und erdichteten Namen" zu komponieren (Selbstbiographie). Hiller eröffnete ihm die Spalten der ‚Wöchentlichen Nachrichten' zum Abdruck von kleineren vokalen und instrumentalen Beiträgen, er ließ ihn am ‚Großen Konzert' teilnehmen und zog ihn zur Mitarbeit an seinem Singspiel ‚Der Dorfbarbier' heran. Damit weckte er in Neefe die Neigung zum deutschen Singspiel. Von 1776 an schloß sich Neefe als Komponist der wandernden Seylerschen Theatergruppe an, die vordem mit Hiller gereist war. Nach Auflösung dieses Unternehmens ging er 1779 zur Truppe des Gustav Friedrich Wilhelm Großmann, die von Kurfürst Max Friedrich nach Bonn verpflichtet wurde. Seine Anstellung als Hoforganist ab 1782 und seine zeitweiligen Funktionen in Vertretung des dortigen Kapellmeisters für Hof- und Kirchenmusik wurden ihm nach dem Tode des Kurfürsten teilweise entzogen, so daß er sich ab 1784 in finanziell nahezu aussichtsloser Lage befand. Bis zu seinem Tode auf Unterrichtsstunden angewiesen und unstet, ging er 1796 nach Dessau, wo er Direktor der Bossanschen Theatergesellschaft wurde. Er starb am 26. Januar 1798. Das dramatische Werk dieses Mannes, der mit der Erfolgsoper ‚Adelheit von Veltheim' 1780 einen damals modischen Türkenstoff gestaltet hatte, ist unter anderem gekennzeichnet durch die Anwendung melodramatischer Kompositionsverfahren. Auch Neefes Liedschaffen, das sich in der Struktur vom Lied im Volkston der Berliner Richtung bis hin zur kantatenhaften Ballade erstreckt, enthält bemerkenswerte Beiträge zur Geschichte dieser Gattung. – Neben einem unsignierten Porträt in Öl, das den jugendlichen Stürmer und Dränger zeigt, zählt das in Kupfer gestochene Profilmedaillon von Gottlieb August Liebe nach Johann Georg Rotenberg zu den bekanntesten Abbildern (Herzog August Bibliothek, Wolfenbüttel, 8,6 × 7,1 cm).

Georg Joseph (Abbé) Vogler

Auf der gegenüberliegenden Seite ist vor dem Hintergrund von Büchern und mit einem Octochord in den Händen Georg Joseph Vogler dargestellt. Er wollte sich als gelehrter, systematisch denkender Musiktheoretiker konterfeit wissen gemäß seiner Devise: „Wacht auf, ihr Nachbeter, ihr Spießbürger von Liliput, aus eurem lethargischen Schlummer! Hört [Musiker]! Seht [Partituren]! Fühlt [Wirkungen]! Und denkt!" Das Bildnis von Friedrich Oelenheinz von 1795 dürfte das bedeutendste unter der großen Zahl der Porträts sein (Mannheim, Städtisches Reiss-Museum, 72 × 60 cm). Vogler ist am 15. Juni 1749 in Pleichbach bei Würzburg geboren worden und wurde nach dem Studium der Theologie und der Rechte 1771 als Hofkaplan nach Mannheim berufen, wo er die Förderung des Kurfürsten Karl Theodor genoß, der ihm einen mehrjährigen Studienaufenthalt in Italien gewährte. Im November 1775 kehrte Vogler, in Rom zum Weltgeistlichen (daher sein Titel Abbé) geweiht, nach Mannheim zurück, um eine Musikausbildungsstätte, die Mannheimer Tonschule, zu gründen, die er „auf mathematischen Grundsäulen" zu führen beabsichtigte im Gegensatz zur Kontrapunktlehre von Johann Joseph Fux, die vom Generalbaß ausging. Als reisender Organist war er schon vielerorts bekannt geworden, so daß er dort wie später in Darmstadt bedeutende Schüler wie Carl Maria von Weber oder Giacomo Meyerbeer ausbilden konnte. Erst 1780 folgte der Abbé dem Hof nach München nach, wo er erster Kapellmeister wurde. Seine auch von dort unternommenen ausgedehnten Konzertreisen brachten ihn bis nach Rußland. Er reiste vielfach mit einem Portativ, das er „Orchestrion" nannte, weil es mit vier Manualen, Pedal, Registerzügen und Jalousieschweller ausgestattet war. Seine Aufenthalte in Gibraltar, Karthago, Athen oder Tanger nutzte er, um die „Herkunft der uralten Choralgesänge" zu studieren, deren rezente „Tradition weit zuverlässiger ist als Notierkunst". Nachdem er zwischen 1794 und 1799 in Stockholm tätig war, folgte er 1807 einem Ruf als geistlicher Geheimer Rat nach Darmstadt, wo er am 6. Mai 1814 nach einem erfüllten Leben starb. Vogler hat sich neben seiner Tätigkeit als Theoretiker auch um orgeltechnische Belange gekümmert. In seinem musikalischen Werk, das aus einst sehr geschätzter Kirchen- und Instrumentalmusik sowie einigen Opern besteht, versuchte er sich bisweilen in tonmalerischen Effekten.

Johann Nikolaus Forkel

Johann Nikolaus Forkel gilt als der Begründer der Musikwissenschaft als einer historisch orientierten Hochschuldisziplin. Sein vielfach der Engherzigkeit und Einseitigkeit geziehenes theoretisches Werk umfaßt neben einer bedeutenden Biographie Johann Sebastian Bachs den Versuch, alle Bereiche des Musikalischen einschließlich der Musikkritik in ein System zu bringen, dessen 1777 getroffene Gliederung in fünf Hauptteile bis heute wegweisend ist. Forkel, der am 22. Februar 1749 in Meeder bei Coburg geboren worden war, ging nach einer sorgfältigen Ausbildung zum Organisten 1769 nach Göttingen, wo er als Student der Rechte immatrikuliert wurde und zugleich die Stelle als Organist an der Universitätskirche übernahm. Als Universitätsmusikdirektor hatte er seit 1779 die wöchentlichen öffentlichen ‚Akademischen Winterkonzerte' zu leiten; daneben hielt er Privatvorlesungen über Musik. Nachdem er sich vergeblich um die Nachfolge Carl Philipp Emanuel Bachs in Hamburg beworben hatte, blieb Forkel bis zu seinem Tode, am 20. März 1818, in Göttingen. Die Verleihung der Würde eines Magisters (= Doktor) durch die Georg-August-Universität 1787 „ohne Examen und umsonst", was einer Erhebung in den Rang eines Professors gleichkam, banden ihn an diese Alma Mater, an der er ausschließlich lehrte. Sein „natürliches System" der Musik entwarf er nach rationaler Methode im Sinne des Göttinger universalhistorisch-philosophisch-kritischen Ideals. Die regelhafte Norm im Musikschaffen leitete er dabei aus dem „gebildeten Stil des 18. Jahrhunderts" ab, der für ihn nahezu dogmatisch in Johann Sebastian Bach gipfelte. Der daraus gezogene normative Maßstab wurde von ihm an alle Werke der Musikgeschichte gelegt, was zu einer Verkennung der eigenen Zeitläufte führen mußte, die sich längst von dem „gereinigten Geschmack" früherer Epochen abgewandt hatten. Dennoch wirkten seine Schriften, namentlich seine zweibändige ‚Allgemeine Geschichte der Musik' (1788 und 1801), bis in unsere Tage nach. Außerdem verfaßte er eine etwa 3000 Titel umfassende Bibliographie zur Musikwissenschaft, die zu den ersten ihrer Art gehört. – Die nebenstehende Aquatintaarbeit von Christian Heinrich Schwenterley aus Göttingen von 1790 gehört zu den wenigen erhaltenen Porträts dieses Gelehrten (Kunstsammlungen der Veste Coburg, Inv. Nr. V, 286,3, 19,7 × 14,3 cm).

Domenico Cimarosa

Von den zahllosen italienischen Buffo-Opern, die sich aus der Stegreifkomödie der *Commedia dell'arte* zu einer Kunstform entwickelt haben, sind nur noch wenige auf der heutigen Opernbühne präsent, hatten sie doch vor allem dem Tagesgeschmack zu genügen. Allein aus dem über 70 Opern, davon 64 *opere buffe* umfassenden Œuvre Domenico Cimarosas (Cimmarosa) sind nur noch ‚*Il matrimonio segreto*' (‚Die heimliche Ehe') nach einem Libretto von Giovanni Bertati im Repertoire, hie und da auch ‚*L'impresario in angustie*' (1776) und ‚*Le astuzie femminili*'. Cimarosas Werdegang war in den ersten Jahren nach seiner Geburt am 17. Dezember 1749 in Aversa bei Neapel vom Wohlwollen seiner Umwelt abhängig, da er früh verwaiste. Am neapolitanischen Conservatorio Santa Maria di Loreto ausgebildet, erregte er sehr bald Aufmerksamkeit. Seine überaus erfolgreiche Laufbahn begann 1772 mit der Aufführung zweier Buffo-Opern, ‚*Le stravaganze del conte*' und ‚*Le magie di Merlina e Zoroastro*', die beide als Neuerungen gefeiert wurden. Nach Erfolgen am Hofe König Victor Amadeus' III. in Turin wurde er von der Kaiserin Katharina II. nach Petersburg berufen, wo er als Nachfolger Giovanni Paisiellos den Dienst als „*Maestro di camera*" und „*Maestro di capella*" versah. 1791 verließ er den Hof wieder, um einem Ruf Kaiser Leopolds II. nach Wien zu folgen, wo er die Nachfolge Antonio Salieris antrat. Dort ist sein bedeutendstes Werk, die *Opera buffa* ‚*Il matrimonio segreto*' entstanden. Eduard Hanslick bewunderte später jene „fabelhaft leichte, aber meisterlich geschulte und von gutem Geschmack geleitete Hand", die Cimarosas gesamtes Werk bestimmte. 1793 kehrte er nach Neapel zurück. Seine letzten Opern, die besonders in Frankreich geschätzt wurden, waren von einer stärkeren Hinwendung zur *opera seria* geprägt. Nachdem er in die politischen Wirren des neapolitanischen Aufstands von 1799 geraten war, jedoch durch Freunde und Gönner vor der Hinrichtung hatte bewahrt werden können, starb er am 11. Januar 1801 in Venedig. – Cimarosa ist als Mittelpunkt der Gesellschaft vielfach porträtiert worden, etwa von der französischen Porträtmalerin Elisabeth Vigée-Lebrun für die Akademie, von Alessandro Longhi oder Antonio Bramati, die ihn oft fürstengleich darstellten. Das hier gewählte Porträt des in Inspirationspose am Klavier Komponierenden befindet sich im Castello Sforzesco in Mailand.

Leopold Anton Koželuch

Leopold (Jan, Joannes) Anton Koželuch (Koželuh) genoß internationale Bekanntheit als Komponist eingängiger, graziöser Gebrauchsmusik, wiewohl er sich von Wolfgang Amadeus Mozart oder Ludwig van Beethoven den Vorwurf der kritiklosen Vielschreiberei gefallen lassen mußte. Am 9. Dezember 1752 (nach anderen Angaben am 26. Juni 1747) in Welwarn, dem Heimatort der Musikerfamilie Koželuch, geboren, wurde er in Prag in der Jurisprudenz ausgebildet. Der Komposition als Brotberuf wandte er sich erst nach einer mit viel Erfolg aufgeführten Ballettkomposition zu. Nach seiner Übersiedlung nach Wien wurde er bald Musiklehrer der Erzherzogin Elisabeth und rückte in die von Mozart übernommene Stellung als kaiserlicher Kammerkomponist auf, die er bis zu seinem Tod am 7. Mai 1818 innebehielt. Von seinen Landsleuten Franz Xaver Duschek (Dušek), Johann Baptist Vanhal oder Joseph Gelinek unterschied er sich dadurch, daß er sich kraft seines Amtes als Hofdiener mit Eitelkeit und Selbstüberschätzung über freischaffende und daher noch sozial minder geachtete Künstler wie etwa Ludwig van Beethoven hinwegsetzen zu können glaubte, was ihm die scharfe Kritik dieser Komponisten eintrug. Eitel ließ er sich 1797 auch auf dem Punktierstich von William Ridley festhalten, am Komponiertisch, der Eingebung von oben lauschend, nach altem Musikerporträtklischee (Bildarchiv der Österreichischen Nationalbibliothek Wien, Inv. Nr. I. 8087 : 1, 26,5 × 20,4 cm). Sein nahezu alle Gattungen einbeziehendes Werk umfaßt neben neapolitanischen Opern und Oratorien, Liedern und italienischen Kantaten vor allem jene Sinfonien, die für die Weiterentwicklung der klassischen Sinfonie wichtig waren. Dabei ging es ihm vor allem um die langsamen Einleitungen des Eingangssatzes, Introduktionen, die zu einem vollständigen, in sich abgeschlossenen Ganzen ausformuliert wurden. Diese Werke, teilweise von ihm selbst ediert, und seine der Wiener Klassik wie der Mannheimer Vorklassik ebenso verpflichteten wie ins 19. Jahrhundert weisenden Klavierkonzerte harren bislang noch einer abschließenden Beurteilung durch die Musikforschung. Sie scheinen sein Vokalschaffen jedoch an Bedeutung zu übertreffen. Als Klaviervirtuose war Koželuch durch seine ebenso „geschmacks- als ausdrucksvolle Spielweise“ ein Rivale Mozarts. Er förderte den Gebrauch des neu aufgekommenen Hammerklaviers.

Antonio Salieri

Eine Legende, die bis heute nicht verstummt ist und Nicolaj Rimskij-Korsakow 1898 zu seiner Oper ‚Mozart und Salieri' inspiriert hat, in der die mutmaßliche Vergiftung Mozarts durch Salieri Thema ist, hat dazu beigetragen, daß die Verdienste des italienischen Komponisten nicht im richtigen Licht gesehen werden. Das negative Charakterbild, das man von ihm entworfen hat, stand bis in jüngste Darstellungen hinein so sehr im Vordergrund, daß man darüber seine Leistungen außer acht ließ. Insbesondere wurde sein Neid auf Berufskollegen hervorgehoben, die seine Stellung als Wiener ‚Musikpapst' hätten gefährden können. Antonio Salieri wurde am 18. August 1750 zu Legnago (bei Venedig) geboren und verlor im 15. Lebensjahr beide Eltern. Da seine Familie zu den einflußreichen wohlhabenden Kaufleuten zählte, erhielt er, um seine begonnene musikalische Ausbildung fortsetzen zu können, eine Freistelle im Alumnat von San Marco in Venedig. Florian Gaßmann, der dort auf das Talent Salieris aufmerksam geworden war, nahm ihn 1766 mit nach Wien, unterwies ihn in der Komposition, sorgte für die weitere Entwicklung der Allgemeinbildung und führte ihn bei Hofe ein. Durch eine Reihe eigener Aufführungen war Salieri hinlänglich bekanntgeworden, so daß er nach dem Tode seines Gönners Gaßmann zum Kammerkompositeur und Kapellmeister der italienischen Oper in Wien ernannt wurde. 1778 kehrte er für einige Jahre in sein Heimatland zurück. Von Gluck angezogen und durch ihn in die Pariser Oper eingeführt, hielt er sich auch in dieser Metropole an der Seine auf und ging 1788 abermals nach Wien. Dort wurde er der Nachfolger Joseph Bonnos als kaiserlicher Hofkapellmeister. Salieri erwarb sich als gesuchter Lehrmeister viele Sympathien. Zu seinen Schülern zählen Ludwig van Beethoven, Joseph Weigl, Johann Nepomuk Hummel, der junge Franz Liszt und wahrscheinlich auch Franz Schubert. 1790 schon war er aus seinem öffentlichen Amte ausgeschieden und fungierte seither als Dirigent der Hofsängerkapelle, bis er, 1823 in geistige Umnachtung gefallen, am 7. Mai 1825 starb. Sein gesamtes Werk, das aus 39 Opern und einiger Instrumental- und Kirchenmusik besteht, vermachte Salieri der Wiener Tonkünstler-Sozietät. – Das hier gezeigte unsignierte Ölgemälde gehört der Willibrord Mählerschen Tonkünstler-Galerie der Gesellschaft der Musikfreunde zu Wien an.

Johann Friedrich Reichardt

Ernst Ludwig Gerber schreibt in seinem ‚Historisch-biographischen Lexikon der Tonkünstler' (1792, Sp. 258) über Johann Friedrich Reichardt: ,,Von Person ist er ein schöner Mann. Sein Bildniß besitzt Hr. Kapellmeister Hiller in Pastell und der Hr. Hauptmann von Wagner zu Stendal gezeichnet. Nach dieser Zeichnung soll auch bald ein Stich herauskommen. Seine Büste in Gips ist schon beym Bildhauer Kreul in Weimar zu haben." Dieses Bildnis zeigt den letzten Kapellmeister Friedrichs II. von Preußen als Höfling mit Perücke, wie Hiller es 1771 in Auftrag gegeben hatte. Anders sah ihn Anton Graff, der den Freund selbstbewußt wiedergab, dessen entschlossenes Wesen dem Hofe allzuoft zuwider war. Reichardt war ein umfassend gebildeter Komponist, der, am 25. November 1752 in Königsberg geboren, dort mit dem Ziel, eine Virtuosenlaufbahn einzuschlagen, ausgebildet wurde. Seine Jahre am Berliner Hof (seit 1775) wurden oft unterbrochen von Aufenthalten in Frankreich, England und Italien. Die bei diesen Unternehmungen entstandenen zeitkritischen Briefe und Berichte dokumentieren seine aufgeklärte Gesinnung mehr als seine Kompositionen, von denen lediglich einige Lieder bis heute bekannt geblieben sind. Die Spanne dieses Schaffens reicht vom Kinderlied ‚Schlaf Kindchen schlaf' über Tanzliedchen bis zum ‚Deklamationsstück', von der Arietta bis zum Lied in kraftvoll heroischem Stil. Schon vor Franz Schubert ist es ihm dadurch, daß er engen Anschluß an die Dichtung der Klassik gesucht hat, gelungen, das Lied insgesamt in den Bereich der Hochkunst emporzuheben. 1794 ohne Pension aus dem ungeliebten höfischen Dienst entlassen, wandte sich Reichardt von der Hauptstadt ab, um in Giebichenstein bei Halle die Tätigkeit als Salinendirektor aufzunehmen. Dort kaufte er ein Grundstück, das er nicht nur in einen vielbewunderten Garten verwandelte, sondern gar zu einer ,,Herberge der Romantik" werden ließ. Hier kehrten Achim von Arnim, Clemens Brentano, Ludwig Tieck, die Brüder Grimm, Johann Wolfgang von Goethe, Jean Paul und viele andere Größen ein. In dieser befruchtenden Umgebung entstanden Reichardts bedeutende Schriften, die ihn bis heute als führenden Musikschriftsteller ausweisen. Er starb dort am 27. Juni 1814. – Anton Graff schuf 1794 das obengenannte Gemälde, nach dem nebenstehender Stich 1814 von Karl Traugott Riedel entstand (Herzog August Bibliothek, Wolfenbüttel).

Vicente Martín y Soler

Atanario Martín Ignacio Vicente Tadeo Francisco Pelegriny Soler (oft Vincenzo Martini, gelegentlich Ignaz Martini, irrig auch Vicente Martínez) war gebürtiger Spanier, dessen einst geschätztes Opernschaffen nahezu in Vergessenheit geraten ist. Er wurde in Valencia am 2. Mai 1754 geboren und genoß eine Ausbildung als Chorknabe in seinem Heimatort. Er ging sodann nach Madrid, wo er als Opernkomponist debütierte. Von dort führte ihn sein noch nicht voll nachzeichenbarer Lebensweg nach Italien, von wo aus er, protegiert durch die Frau des spanischen Botschafters, 1785 nach Wien berufen wurde. In Italien hatte er Gelegenheit, mit seinen *opere buffe* gegen Leonardo Leo, Giovanni Battista Pergolesi, sogar Domenico Cimarosa anzutreten, gegen die er mit großem Erfolg bestand. In den Jahren, die er in Wien in der Gunst Kaiser Josephs II. verbrachte, arbeitete er mit Lorenzo Da Ponte zusammen, der ihm die Textbücher zu den Erfolgsopern ,*Il burbero di buon cuore*' (1786), ,*L'albore di Diana*' (1787), vor allem aber ,*Una cosa rara*' (1786) lieferte, die erstaunlich hohe Aufführungszahlen erreichten. Namentlich ,*Una cosa rara*' hat sich bis heute im Gedächtnis erhalten, vor allem durch Wolfgang Amadeus Mozarts Zitat in der Tafelmusik (Finale des zweiten Aktes) seines ,Don Giovanni'. 1787 hielt Joseph Kreuzinger den gefeierten Komponisten von ,*Una cosa rara*' in einem Porträt fest, dessen Nachstich von Jacob Adam aus demselben Jahr hier vorgestellt wird. Der Stich, der im Sinne des Standesporträts mit Podest, einem Ovid-Zitat sowie Musik- und Ruhmessymbolen angefertigt worden ist, läßt ein Notenblatt erkennen, auf dem die bekannteste Arie dieser Oper: ,*Pace Caro mio Spose . . .*' in den Anfangstakten angedeutet ist (Wien, Bildarchiv der Österreichischen Nationalbibliothek, Inv. Nr. 505660, 17,5 × 11 cm). 1788 wurde Martín von Katharina II. Alexejewna nach Petersburg gebeten, wo er mit einigen Unterbrechungen bis zu seinem Tode am 30. Januar (11. Februar?) 1806 in verschiedenen Positionen blieb. Nach Ablauf seines zunächst vierjährigen Vertrags am Hof war er neuerlich seinem Textdichter Da Ponte nach London gefolgt, wo er für das *Haymarket Theatre* und die *Salomons Opera Concerts* zu komponieren hatte. Als Musikerzieher an der Erziehungsanstalt für adelige Knaben in Smolna und ab 1800 als Inspektor der italienischen Hoftheatergruppe in Petersburg führte er ein angesehenes Leben.

VINCENTIVS MARTIN HISPANVS VALENTINVS ANNO AETATIS XXXIII
Cernis
orphea percussis
sociantem carmina nervis
Ovid.

Giovanni Battista Viotti

Das Leben des Italieners Giovanni Battista Viotti war bestimmt von einer zunehmenden Abneigung gegen die ausschließliche Tätigkeit als Violinvirtuose, als der er seit frühester Jugend gefeiert und gesucht war. Er wurde am 12. Mai 1755 in Fontanetto da Po (Vercelli) geboren und führte die unstete Existenz eines reisenden Wunderkindes. Seine Ausbildung hatte er von dem Tartini-Schüler Gaetano Pugnani erhalten, mit dem er einige seiner Reisen unternahm. Viotti, der von 1775 bis 1780 Violinist in der Hofkapelle in Turin gewesen war, siedelte sich in Paris an, wo er ab 1784, der Virtuosenlaufbahn nahezu völlig entsagend, Akkompagnist der Königin Marie Antoinette, bald darauf Kapellmeister des Herzogs von Soubise wurde. Auch gründete er das *Théâtre de Monsieur* in den Tuilerien, das, als 1790 der Hof aus Versailles nach Paris zurückverlegt wurde, in das *Théâtre de la Foire Saint Germain* überging. Daneben hatte Viotti Streichquartett-Akademien eingerichtet, die den Beginn einer national-französischen Schule bilden, die durch seinen Schüler Pierre Rode und später durch Charles de Bériot fortgesetzt werden sollte. Die Französische Revolution ruinierte sein Theaterunternehmen, so daß Viotti 1792 einer Einladung nach London folgte, wo er in den berühmten Salomon-Konzerten enthusiastisch gefeiert wurde. Abgesehen von wenigen Auslandsaufenthalten, hielt er sich bis 1819 in dieser Stadt auf, ging dann jedoch zurück nach Paris, wo er ab 1822 die Direktion der *Grand Opéra* übernahm. Am 3. März 1824 starb er in London, nachdem er sich nahezu gänzlich aus der Öffentlichkeit zurückgezogen hatte und in Vergessenheit geraten war. Viottis Bedeutung für die Geschichte des französischen Violinkonzerts liegt in seiner Fähigkeit, seine virtuosen Kompositionen mit musikalischem Gehalt zu füllen, eine Gabe, die seinen Nachfolgern vielfach fehlte. So strahlen seine 29 Violinkonzerte, zahlreichen Sonaten und Kammermusik musikalische Unbefangenheit aus. – Das hier vorgestellte Porträt aus Privatbesitz zeigt den „*Célèbre Violon et Compositeur*" auf einem Schabkunstblatt von Ducarme nach einem Gemälde des Turiner Porträtmalers Francesco Trossarelli. Es handelt sich um das Blatt Nr. 250 der Galerie Universelle, die von dem Verleger Blaisot ohne Jahresangabe herausgebracht worden ist (15 × 18 cm).

Wolfgang Amadeus Mozart

Wie kaum an einem anderen durch Porträts festgehaltenen Musiker läßt sich an Wolfgang Amadeus Mozarts Ikonographie die Lebenskurve verfolgen, die in der Phase des umschwärmten Wunderkindes begann und in der Vereinsamung endete. Gewöhnlich wurden Musiker für Bildner erst mit ihrem Eintritt in eine öffentliche, Beachtung heischende Stellung interessant und traten nach Ablauf jener Phase ihres Lebens wieder in den Hintergrund. Dies war bei Mozart, dessen früher Ruhm nicht bis zu seinem frühen Ende reichte, anders. Nur 12 historische Bildnisse sind nachweisbar, neben einer Reihe von Medaillons und Gelegenheitsarbeiten. Die posthum erst von der huldigenden Nachwelt namentlich im 19. Jahrhundert angefertigten Bildnisse sind somit in der Überzahl. Wolfgang, der am 27. Januar 1756 in Salzburg geboren worden war, wurde erstmals 1763 als Wunderknabe, der gemeinsam mit seinem ehrgeizigen Vater und seiner Schwester ausgedehnte Reisen unternahm, in der höfischen Kleidung konterfeit, die ihm 1762 am Hof in Wien geschenkt worden war. Dieses Bildnis ist von Pietro Antonio Lorenzo gemalt worden (Mozart-Museum, Salzburg, ausgestellt im Wohnhaus Makartplatz 35, 140 × 186 cm). Aufgrund der Hochachtung, die damals die ganze Familie Mozart genoß, sind insgesamt die Aktionsbilder in der Überzahl gegenüber denjenigen, die ihn allein wiedergeben, so daß es auch hier angebracht erscheint, ein Aktionsbild zu wählen, und zwar jenes, das die nach ausgedehnten Reisen und einem längeren Aufenthalt Wolfgangs in Paris wieder in Salzburg vereinte Familie zeigt. Die Mutter, die während der Pariser Zeit 1778 gestorben war, ist in einem Medaillonporträt über dem Hammerflügel abgebildet, während Leopold Mozart seinen musizierenden Kindern Maria Anna und Wolfgang Amadeus lauscht. Feder und Tinte deuten auf das Komponieren hin, Apoll mit der Leier in einer Wandnische auf ein verpflichtendes antikes Erbe. 1780/1781 von Johann Nepomuk della Croce gemalt, ist dieses Bildnis vor Mozarts Überwechseln nach Wien entstanden, wo er die Existenz des Hoforganisten und Konzertmeisters endgültig gegen die eines freien Künstlers eintauschte. Wie hinlänglich bekannt, endete dieses Leben am 5. Dezember 1791 während der Komposition seines Requiems. Sein Werk, eine Folge von ungeheurer Arbeitsleistung und -ökonomie, ist an anderer Stelle hinlänglich gewürdigt worden.

Joseph Martin Kraus

Innerhalb der Musikgeschichte Schwedens nimmt während des 18. Jahrhunderts neben Johan Helmich Roman der aus Deutschland stammende Joseph Martin Kraus eine führende Stellung ein. Dieser umfassend gebildete Komponist, der auch als Dramatiker, Schriftsteller und Maler tätig war, wurde am 20. Juni 1756 in Miltenberg am Main geboren. Nach Studien am Jesuiten-Gymnasium im nahen Mannheim belegte er philosophische und juristische Fächer an den Universitäten Mainz, Erfurt und Göttingen. Hier stand der als „Badischer Mozart" apostrophierte Musiker 1776 dem Hainbund sowie dem literarischen Sturm und Drang nahe. 1781 fand er als Kapellmeister Anstellung am Königshof zu Stockholm. Mit ihm erreichte unter Gustav III. das dortige Musikleben als Teil der gustavianischen Klassik seine Blütezeit. 1782 unternahm Kraus eine vierjährige Kunstreise bis nach Neapel. Nach der Rückkehr schrieb er Hofopern, Festmusiken, Sinfonien und Kammermusiken in stilistisch mehrmals wechselnder Manier. Gluck und Haydn zählten zu seinen Vorbildern. Vor allem bei Pietro Antonio Metastasio, Matthias Claudius, Carl Michael Bellman und Johan Henrik Kellgren fand er seine Texte. Kraus starb am 15. Dezember 1792 an Lungenschwindsucht. Beigesetzt wurde er am Brunnsvik-See, wo noch heute der 1796 errichtete Gedenkstein steht. Das Oratorium ‚Der Tod Jesu' (1776), die Opern ‚Proserpina' (1781), *‚Aeneas i Carthago'* (1790), die Trauermusik zum Begräbnis Gustavs III. (1792) zählen neben 53 deutschen und schwedischen Liedern, 23 Kantaten, einem Violinkonzert, Streichquartetten sowie einem Quintett in D-Dur (1783) zu den beachtenswert bleibenden Werken. Die königliche Musikakademie in Stockholm ehrt ihn seit langem, zuletzt 1982 im Zusammenwirken mit dem Bezirksmuseum in Buchen durch die Gründung einer Kraus-Gesellschaft. – Das unsignierte Gemälde entstand im Jahre 1774 in Erfurt. Joseph Martin Kraus war dort zu jener Zeit Student, worauf das Bierglas wie auch die Tabakspfeife hinweisen. Der melancholische Blick, der aufgestützte Kopf und die Notenblätter verweisen freilich auf die Berufung des Jünglings zum Komponieren. Das Original der hier gezeigten Reproduktion befindet sich in Privatbesitz. E. Hansen fertigte um 1775 danach einen Stich an.

Paul Wranitzky

Paul (Pavel) Wranitzky (Vranicky, Wraniczky, Wranizky), von Joseph Haydn und Ludwig van Beethoven als Dirigent ihrer Werke bevorzugt, von Haydn sogar für die ausschließliche Leitung der Aufführungen seines Oratoriums ‚Die Schöpfung' in den Jahren 1790 bis 1800 bestimmt, wurde am 30. Dezember 1756 in Neureisch (Nová Říše) geboren und starb in Wien am 28. September 1808. Gemeinsam mit seinem für die Wiener Geigenschule bestimmend gewordenen Bruder Anton besuchte er das Gymnasium im Prämonstratenserstift seines Geburtsorts und wurde dort außer im Orgelspiel zu einem „herrlichen Violinspieler" (Jahrbuch der Tonkunst 1796) ausgebildet. Zum Priester bestimmt, trat er 1776 in Wien in das theologische Seminar ein, verließ dieses aber, nachdem er seine Begabung zum Komponieren und Dirigieren erkannt hatte. Als seine Lehrmeister werden der 1783 in Wien weilende Stockholmer Hofkapellmeister Joseph Martin Kraus und Joseph Haydn genannt. Schon 1785 ging er in den Dienst des Grafen Johann Nepomuk Esterházy als erster Orchester-Direktor und wurde zum Konzertmeister der beiden kaiserlich-königlichen Theater (Burg- und Kärntnertortheater) bestellt. In dieser Funktion, als Mitglied derselben Freimaurerloge, der Wolfgang Amadeus Mozart angehörte, und ab 1793 der Wiener Tonkünstler-Sozietät verbunden, deren Sekretär er später wurde, konnte Wranitzky eine überaus fruchtbare Aktivität entfalten, die für die Musikszene in Wien von großer Bedeutung war. Er war mit den ihn umgebenden Großen befreundet, vermittelte unter ihnen, dirigierte ihre Werke und gab durch seine eigenen kompositorischen Werke Impulse. So inspirierte sein Singspiel ‚Oberon', das erst durch die gleichnamige Oper Carl Maria von Webers aus den Spielplänen verdrängt wurde, den Textdichter Emanuel Schikaneder zum Textbuch zur ‚Zauberflöte'. Sein übriges musikalisches Werk, das bei Hof außerordentlich geschätzt wurde, hebt sich aus dem allgemein gängigen Durchschnittsniveau der guten Gebrauchsmusik nicht heraus. Nur in einigen Fällen gelang es ihm, die dem Zeitgeschmack entgegenkommende musikalische Naturschilderung reizvoll mit volksmusikalischen Elementen zu verknüpfen. – Aus der Ikonographie ist nur der hier vorgestellte Kupferstich aus dem Jahre 1796 von Christoph Wilhelm Bock bekannt (Kunstsammlungen der Veste Coburg, Inv. Nr. V, 17174, 15,6 × 9,2 cm).

Ignaz Joseph Pleyel

Aus einer überaus kinderreichen Lehrersfamilie stammend, in die er am 18. Juni 1757 zu Ruppertsthal (Niederösterreich) hineingeboren worden war, erhielt Ignaz Joseph Pleyel eine gute musikalische Ausbildung bei Johann Baptist Vanhal. Bis zu seinem fünfzehnten Lebensjahr reiste er regelmäßig zu seinem Lehrer nach Wien und folgte dann, mit einer großzügigen Unterstützung des Grafen Ladislaus Erdödy versehen, dem Rat, sich bei Joseph Haydn weiterzubilden. 1777 holte ihn der Mäzen als Kapellmeister wieder zu sich, gewährte ihm aber weiterhin Urlaub für Studienreisen nach Italien. 1783 ging Pleyel nach Straßburg, um als zweiter Kapellmeister an der Seite von Franz Xaver Richter zu wirken, an dessen Stelle er nach Richters Tod aufrückte. Während der Französischen Revolution büßte er seine Position ein und ging kurzzeitig nach London, wo er in den *‚Salomon Concerts‘* als Gegenspieler seines ehemaligen Lehrers Joseph Haydn im Sinne eines Wettbewerbs seine leicht eingängigen Kompositionen zur Aufführung bringen sollte. Dies mußte freilich mißlingen, da er sich in einen *Concours* mit Haydn nicht einlassen wollte. Vielmehr setzte er auf seine Programme auch die Werke Haydns. 1795 verließ er London, nachdem er zuvor einige Male im Elsaß konzertiert hatte, um nach Paris zu gehen. Dort eröffnete er eine Musikalienhandlung zum ausschließlichen Vertrieb seiner überaus gefragten Werke. Dies wurde ein Betrieb, der sich rasch zu einem großen Verlagsunternehmen entwickelte und dem er 1807 eine eigene Klavierfabrik angliedern konnte. Die musikalischen Werke Pleyels wurden bis zu dessen Tod am 14. November 1831 bei über 200 Verlegern in rund 50 Städten Europas wie Amerikas in unzähligen Arrangements herausgegeben. Seine Instrumentalduette gehören seit ihrem Entstehen zur Studienliteratur für die Violine, seine Quartette und Sinfonien sind ihrer originellen, sensiblen Faktur wegen auch in den Konzertsälen noch zu hören. – In der Zeit, in der Pleyel in London tätig war, leitete Thomas Hardy, ein gesuchter Londoner Gesellschaftsmaler und Porträtist, diverse Ausstellungen in der *Royal Academy,* in denen er auch seine Musikerbildnisse ausstellte, etwa die von Joseph Haydn und Johann Peter Salomon. Nach seiner Vorlage entstand der hier abgebildete Kupferstich von Johann Joseph Neidl (Wien, Gesellschaft der Musikfreunde, 15 × 18 cm).

François Devienne

In die Zeit der überaus erfolgreich aufgenommenen *opéra comique ‚Les Visitandines‘* von François Devienne, die nach ihrer Uraufführung 1792 über 200 Wiederholungen erlebte, fällt die Entstehung des nebenstehenden großformatigen Porträts. Es war lange Zeit dem gesuchten Genremaler Jacques David zugeschrieben worden, gilt jetzt jedoch als Opus seines Schülers Jean Louis Leneuville. Der Virtuose auf dem Fagott wie auf der Traversflöte und gefeierte Komponist, der am 31. Januar 1759 in Joinville (Haute-Marne) geboren worden war, wird von dem Maler auf dem Gipfel seiner Karriere dargestellt. Deviennes Leben, das am 5. September 1803 im Irrenhaus von Charenton endete, war das eines vielseitigen Musikers, der den Wirren der Französischen Revolution durch Anpassung etwa mit patriotischen Hymnen begegnete. Nachdem er in die Dienste des Kardinals de Rohan in Paris getreten war (1780), konnte er sich rasch als Solist in den *‚Concerts Spirituels‘* profilieren, war ab 1784 Musiker der *Loge Olympique* und trat als erster Fagottist 1789 in das *Théâtre de Monsieur* ein. Seit 1791 gehörte er im Range eines Sergeanten zur Musik der Nationalgarde, die zum *‚Institut national de musique‘*, 1795 zum *‚Conservatoire de musique‘* umbenannt wurde. In dieser Institution, die zur zentralen Frankreichs wurde, galt Devienne als einer der ersten, überaus gesuchten Lehrer. Seine 1794 herausgegebene *‚Méthode de flûte théorique et pratique‘* für die einklappige Traversflöte (1861 der modernen Flöte angepaßt) gehört zu den bedeutendsten Flötenschulen des späten 18. Jahrhunderts, die in zahlreichen Neudrucken immer wieder vorgelegt wurde und bis heute ihren Wert nicht eingebüßt hat. 1802 wurde Devienne vom Dienst suspendiert. Seine zwölf Opern und Singspiele sind in Vergessenheit geraten, während seine Kammermusik, vor allem die Duette sowie Solokonzerte für Blasinstrumente nach wie vor zum Repertoire gehören. – Die Datierung des nebenstehenden Gemäldes auf die Zeit zwischen 1790 und 1793 wird dadurch erleichtert, daß der emanzipierte Flötist der besonders in diesen Jahren üblichen Mode folgt, die als „Werthertracht“ bezeichnet wird. Diese nur wenige Jahre favorisierte, literarisch vermittelte Kleidung bestand aus Tuchfrack mit kurzer Weste, aus der noch immer das Spitzenhemd hervortritt (Brüssel, Musées Royaux des Beaux Arts, Inv. Nr. 119425).

Johann Ladislaus Dussek

In der kurzen Blütezeit, die die Glasharmonika als ein in England entwickeltes, subtiles Instrument des Rokoko erlebte, gehörten die blinde Marianne Kirchgeßner und der am 12. Februar 1760 im böhmischen Czaslau geborene Johann Ladislaus Dussek (Dušek, im Taufregister Wenzel Johann Dusik) zu ihren virtuosen Interpreten. Selbst Wolfgang Amadeus Mozart, Johann Nepomuk Hummel, Ludwig van Beethoven und Vaclav Tomašek schrieben einige Gebrauchsmusik für diese Künstler, von denen Dussek ein wegen der politischen Verhältnisse bewegtes Leben führte. Der promovierte Baccalaureus, der Theologie studiert hatte und zugleich zum Organisten ausgebildet worden war, erhielt von seinem Gönner Graf Männer eine Organistenstelle in Mecheln angeboten, die er bald gegen eine gleichwertige in Bergen op Zoom und ab 1782 in Amsterdam eintauschte. Nur kurze Zeit wirkte er als Erzieher der Söhne des Statthalters von Den Haag, bis er als Klavier- und Harmonikavirtuose ein unstetes Wanderleben führte, das ihn in die europäischen Musikzentren brachte. Nach etlichen Jahren, die er in Paris lebte, vertrieb ihn die Französische Revolution aus der Stadt. In London gründete er gemeinsam mit seinem Schwiegervater Domenico Corri 1792 einen Musikverlag, der sich jedoch nicht halten konnte. Dussek mußte das Land, vor den Gläubigern fliehend, verlassen. In Hamburg wurde er mit Prinz Louis Ferdinand von Preußen bekannt, der ihn bis zu seinem Tode 1806 als Lehrer und Herausgeber einiger seiner Werke schätzte. Wieder in Paris, wurde Dussek 1808 Konzertmeister des Fürsten Talleyrand, der ihn wie viele seiner Zeitgenossen seines singenden Klavierspiels wegen schätzte. Er gilt als einer der ersten, die mit vollem Ton ausdrucksvoll zu spielen vermochten. Seine zahlreichen Werke bestehen überwiegend aus Klavierkompositionen, deren stilistischer Bogen sich bis zur Romantik spannt. So gehören die letzten Sonaten (*‚Élégie harmonique‘*, op. 61, *‚Le Retour à Paris‘*, op. 70 oder *‚L'Invocation‘*, op. 77) thematisch wie strukturell bereits dem 19. Jahrhundert an. Dussek starb am 20. März 1812 in Saint-Germain-en-Laye bei Paris. – Der Pariser Bildhauer Charles Antoine Callamard (?) fertigte von dem beliebten Virtuosen eine Büste an, die als Vorlage für den hier gezeigten, seinerzeit zu Verkaufszwekken vervielfältigten Kupferstich diente (Münster, Westfälisches Landesmuseum, Porträtarchiv Diepenbroick).

Johann Rudolph Zumsteeg

Der Name Johann Rudolph Zumsteeg ist heute vor allem in Verbindung mit den Biographien Friedrich Schillers und Franz Schuberts geläufig, Künstlern, mit denen er befreundet war. Am 10. Januar 1760 im schwäbischen Sachsenflur als Sohn eines Kammerdieners am Stuttgarter Hof geboren, wurde er 1770 in die Karlsschule aufgenommen, in der er sich mit Friedrich Schiller anfreundete. War er zunächst zum Bildhauer bestimmt, so überwog im Laufe seiner Ausbildung jedoch seine musikalische Begabung, so daß er 1781 als Violoncellist in die Hofkapelle aufgenommen werden konnte, 1785 zum Cellolehrer und 1793 zum Hofkapellmeister avancierte. In diesem Amt hatte er Vokal- und Instrumentalwerke zu liefern, darunter die heute vergessenen Opern ‚Das tartarische Gesetz' (1780), ‚Die Geisterinsel' (1798), ‚Das Pfauennest' (1801), aber auch Bühnenmusiken zu ‚Hamlet', ‚Macbeth' und zu den ‚Räubern', die Friedrich Schiller selbst angeregt hatte. Während jedoch seine dramatischen Werke ihren Komponisten kaum überlebt haben, gehört sein überaus umfangreiches Lied- und Balladenschaffen, das durch die Dichter seines näheren Umkreises befruchtet wurde, zu den Vorläufern der Lieder von Franz Schubert. Zumsteeg griff neben den Dichtungen Schillers auch diejenigen von Friedrich Gottlieb Klopstock, Matthias Claudius, Gottfried Bürger wie die des Göttinger Hainbundes auf. Seine Balladen, die mit ‚Des Pfarrers Tochter von Taubenhayn' (1793), ‚Die Entführung' (1793), ‚Die Büßende' (1796) oder ‚Ritter Toggenburg' (1796) unter den Liedern das zentrale Korpus bilden, sind durch Dramatik gekennzeichnet, die durch rezitativische Elemente und Tonmalerei erreicht wird. Diese besonders bei unheimlichen, geisterhaften Szenen eingesetzten kompositorischen Mittel, die Zumsteeg freilich noch diffus anwandte, wurden durch Franz Schubert beziehungsvoll zu charakterisierenden Begleitfiguren umgewandelt. Zumsteeg starb am 27. Januar 1802 in Stuttgart; dort hatte seine Frau eine Musikalienhandlung begründet, die von seinem jüngsten Sohn weitergeführt und erst 1940 als Verlag vom Musikverleger Sikorski aufgekauft wurde. – Der nebenstehende Schattenriß gehört zu einem Freundschaftsblatt, das im September 1786 verfaßt wurde. Die Praxis, Silhouetten dieser Art weiterzureichen, hat sich ihres bescheidenen Aufwands wegen bis ins 19. Jahrhundert erhalten (Schiller-Nationalmuseum Marbach a. N.).

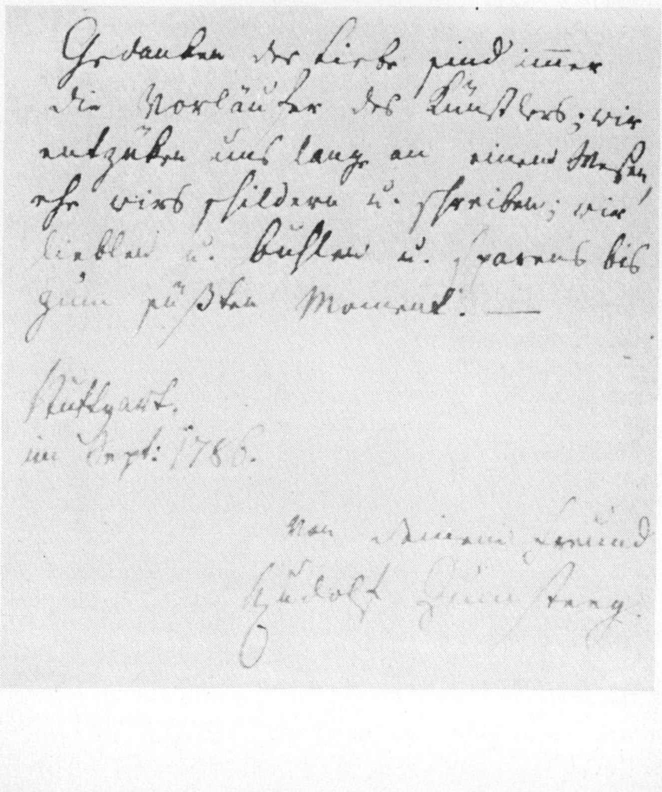

Gedanken der Liebe sind immer
die Vorläufer des Künstlers; wir
entzücken uns lang an einem Meister
eh' wir schildern u. schreiben; wir
lieben u. hoffen u. harren bis
zum süßesten Moment! —

Stuttgart.
im Sept: 1786.

Von Deinem Freünd
Rudolph Zumsteeg.

Erläuterung einiger Fachausdrücke

Airs à boire – auf Liebestexte komponierte schlichte Lautenlieder

Airs sérieux – kunstvollere Lautenlieder, auch rezitativisch und in Dialogform

Belcanto – ital. schöner Gesang; Bezeichnung für eine um 1600 in Lehre und Praxis begründete, reich verzierte italienische Gesangskunst

Concerto grosso – ital. großes Ensemble; Gattungsbezeichnung für Instrumentalwerke, deren Struktur durch den Wechsel von Soli und Tutti bestimmt sind

Dramma sacro – italienische Bezeichnung für neapolitanische geistliche Opern mit eingefügten Buffo-Szenen

Flageolet – franz., Diminutiv von flageol – kleine Schnabelflöte

Gabelgriff – auf Flöteninstrumenten ausgeführte Abdeckgriffe (zum Beispiel für die Töne b oder gis)

Intermède – französische Bezeichnung für in Dramen eingeschobene Zwischenaktsunterhaltungen

Musette – in Frankreich gespielte Sackpfeife mit kleinem Blasebalg

Opéra-ballet – in Paris entstandene prunkvoll ausgestattete Ballettoper

Opera buffa – italienische Bezeichnung für komische Oper

Opera seria – italienische Bezeichnung für ernste Oper

Pastorale – italienische Bezeichnung für Schäferspiel oder für ein Instrumentalwerk mit Anklängen an weihnachtliche Hirtenmusik

Quadro – italienische Bezeichnung für Kompositionen mit vier Stimmen

Serenata – italienische Bezeichnung für Nachtmusiken mit Gesang

Sinfonia concertante – italienische Bezeichnung für meist dreisätzige Kompositionen für mehrere konzertierende Soloinstrumente und Orchester in der zweiten Hälfte des 18. Jahrhunderts

stile brisé – französische Bezeichnung für gebrochenen, arpeggierenden Satz auf der Laute, der Orgel oder dem Cembalo

Bildquellennachweis

Archiv der Gesellschaft der Musikfreunde, Wien 23, 25, 27, 29, 33, 41, 53, 55, 67, 85, 87, 89, 93, 111, 131, 169. Bärenreiter Verlag, Kassel 61, 75. Bayerische Staatsbibliothek, München 31, 97, 127. Bayerische Staatsgemäldesammlungen, München 103. Benediktiner Abtei, Ottobeuren 69. Berliton, Berlin 109. Bibliothek der Hansestadt Lübeck 87. Bibliothèque Nationale, Paris 51, 79. Bildarchiv der Österreichischen Nationalbibliothek, Wien 77, 153, 159. Bundesdenkmalamt, Wien 17. Civica Raccolta delle Stampe Achille Bertarelli, Mailand 47, 151. Civico Museo Bibliografico Musicale, Bologna 63, 113, 119. Deutsche Staatsbibliothek, Berlin/DDR 43, 45, 73, 143. Deutsches Theatermuseum, München 105. Erzabtei Sankt Peter, Salzburg 125. Hamburger Kunsthalle 81. Herzog August Bibliothek, Wolfenbüttel 95, 107, 121, 145, 157. Instituicão José Relvas, Alpiarca 39. Institut Royal du Patrimoine Artistique, Brüssel 171. Internationale Stiftung Mozarteum, Salzburg 91, 163. Kunsthistorisches Museum, Wien 83. Kunstsammlungen der Veste Coburg 59, 149, 167. Musée de Versailles, Musées Nationaux, Paris 138, 139. Museum für Geschichte der Stadt Leipzig 35. Nationalmuseum, Stockholm 133. National Portrait Gallery, London 71, 99, 101. Privatbesitz 161, 165. Rijksmuseum-Stichting, Amsterdam 49. Royal College of Music, London 117. Sammlungen der Gesellschaft der Musikfreunde in Wien 15, 129, 155. Schiller Nationalmuseum, Marbach 175. Schweizerisches Institut für Kunstwissenschaft, Zürich 141. Staatliche Kunstsammlungen, Dresden 57, 135. Städtisches Reiss-Museum, Mannheim 65, 115, 147. The National Gallery, London 19. Victoria and Albert Museum, London 37. Westfälisches Landesmuseum für Kunst und Kulturgeschichte, Münster 123, 173.

Alphabetisches Verzeichnis der Musiker mit Hinweisen auf Werkausgaben und die wichtigste Literatur

(Die Seitenverweise in kursiver Schrift beziehen sich auf die Musikerbiographien in diesem Buch)

Carl Friedrich Abel – Kompositionen, hrsg. von W. Knape, Cuxhaven 1958–1974; W. Knape, Karl Friedrich Abel, Leben und Werk eines frühklassischen Komponisten, Bremen 1973 *(S. 98)*

Johann Georg Albrechtsberger – Instrumentalwerke, hrsg. von O. Kapp, in: Denkmäler der Tonkunst in Österreich XVI/2, 1909; Sämmtliche Schriften über Generalbass, Harmonie-Lehre, und Tonsetzkunst, hrsg. von I. Ritter von Seyfried, Wien o.J. [1826?]; E. Paul, Johann Georg Albrechtsberger: ein Klosterneuburger Meister der Musik und seine Schule, Klosterneuburg 1976 *(S. 120)*

Thomas Augustine Arne – J. A. Parkinson, An Index to the Vocal Works of Thomas Augustine Arne and Michael Arne, Detroit 1972; H. Langley, Dr. Arne, Cambridge 1938 *(S. 70)*

Carl Philipp Emanuel Bach – Versuch über die wahre Art das Clavier zu spielen, Berlin 1753, Faksimile-Ausgabe Leipzig 1957; A. Wotquenne, Thematisches Verzeichnis der Werke von Carl-Philipp Emanuel Bach (1714–1788), Leipzig 1905, Neudruck Wiesbaden 1964; O. Vrieslânder, Carl Philipp Emanuel Bach, München 1923 *(S. 80)*

Johann Sebastian Bach – Neue Ausgabe sämtlicher Werke, hrsg. vom Johann-Sebastian-Bach-Institut, Göttingen, und Bach-Archiv, Leipzig, Kassel 1954ff.; W. Neumann (Hrsg.), Bilddokumente zur Lebensgeschichte Johann Sebastian Bachs = Bach-Dokumente IV, Leipzig 1979 *(S. 34)*

Wilhelm Friedemann Bach – Werke verstreut ediert, u.a. in Nagels Musikarchiv Heft 39ff.; M. Falck, Wilhelm Friedemann Bach, sein Leben und seine Werke, mit thematischem Verzeichnis seiner Kompositionen, Leipzig 1913, Neudruck Lindau 1956 *(S. 72)*

Johann Christian Bach – Chr. S. Terry, John Christian Bach, London 1929, revidiert von H. C. R. Landon, London 1967 (mit Werkverzeichnis) *(S. 118)*

Michel de La Barre – M. Benoit, Musiques de cour: chapelle, chambre, écurie, 1661–1733, Paris 1971 *(S. 18)*

Carl Michael Bellman – Skrifter, hrsg. von der Bellmanssallskapet, 2 Bde., Stockholm 1921 und 1922; P. B. Austin, The Life and Songs of Carl Michael Bellman, New York 1967 *(S. 132)*

Franz Benda – 44 Capricen, Prag 1960; F. Lorenz, Franz Benda und seine Nachkommen, Berlin 1967 *(S. 66)*

Georg Anton Benda – Werke in mehreren Bänden der Musica Antiqua Bohemica (Bd. II, X, XVII, XXIV, XXXVII, XLV, LVIII, LXVIII, 1962–1966); K.-H. Löbner, Georg Benda: sein Leben und sein Werk mit besonderer Berücksichtigung der Sinfonien und Cembalokonzerte, Diss. Halle-Wittenberg 1967 *(S. 94)*

Luigi Boccherini – Y. Gérard, Thematic, Bibliographical, and Critical Catalogue of the Works of Luigi Boccherini, London 1969; G. de Rothschild, Boccherini, sa vie, son œuvre, Paris 1962, englische Ausgabe: Boccherini, his life and work, London und New York 1965 *(S. 140)*

Faustina Bordoni-Hasse – M. Högg, Die Gesangskunst der Faustina Hasse und das Sängerinnenwesen in ihrer Zeit in Deutschland, Königsbrück 1931 *(S. 56)*

Charles Burney – A General History of Music from the Earliest Ages to the Present Period, to which is prefixed, a Dissertation on the Music of the Ancients, London 1776ff., Neudruck I–IV, Baden-Baden 1958; R. Lonsdale, Dr. Charles Burney: a Literary Biography, Oxford 1965 *(S. 100)*

Antonio Caldara – Kirchenwerke, bearb. von Eusebius Mandyczewski, in: Denkmäler der Tonkunst in Österreich XIII/1, 1959, sowie weitere Bände; U. Kirkendale, Antonio Caldara. Sein Leben und seine venezianisch-römischen Oratorien, Graz 1966 *(S. 14)*

Johann Christian Cannabich – Verzeichnis der Druckausgaben von Sinfonien der Mannheimer Komponisten Johann Stamitz, Franz Xaver Richter, Anton Filtz, Ignaz Holzbauer, Joseph Toeschi, Christian Cannabich, Karl Stamitz, Anton Stamitz, hrsg. von H. Riemann, in: Denkmäler der Tonkunst in Bayern III/1, 1902; Mannheimer Kammermusik des 18. Jahrhunderts, I. Teil, Quartette und Quintette, in: Denkmäler der Tonkunst in Bayern XV, 1914; Mannheimer Kammermusik des 18. Jahrhunderts, II. Teil, Trios und Duos, in: Denkmäler der Tonkunst in Bayern XVI, 1915; H. Hofer, Christian Cannabich: Biographie und vergleichende Analyse seiner Sinfonien, Diss. München 1921 *(S. 114)*

Domenico Cimarosa – 32 Klavier-Sonaten, hrsg. von F. Boghen, Paris 1925–1926; Il matrimonio segreto, Mailand 1943; 2 Konzerte G-Dur für 2 Flöten und Orchester, Berlin 1958 und 1963; M. Tibaldi-Chiesa, Cimarosa e il suo tempo, Mailand 1939, 3. Aufl. 1949 *(S. 150)*

François Devienne – Werke verstreut ediert; Méthode de flûte, Paris 1795, Neuauflagen 1908, 1915 und 1950; E. Humblot, Un musicien joinvillois de l'époque de la Révolution, François Devienne, Saint-Dizier 1909; W. L. Montgomery, The Life and Works of François Devienne, 1759–1803, I–II, Diss. Catholic University of America 1975 *(S. 170)*

Carl Ditters von Dittersdorf – Drei Sinfonien, eine Serenata, bearb. von V. Luithlen, in: Denkmäler der Tonkunst in Österreich XLIII, 2, 1936, Neuauflage 1960; Carl Ditters von Dittersdorf, Lebensbeschreibung, seinem Sohn in die Feder diktiert, Leipzig 1801, Neudruck München 1967; C. Krebs, Dittersdorfiana, Berlin 1900, Reprint New York 1972 *(S. 130)*

Johann Ladislaus Dussek – Gesamtausgabe der Klavier-Sonaten, in: Musica Antiqua Bohemica, XLVI, LIII, LIX und LXIII, 1960–1963; Œuvres de J. L. Dussek, Leipzig 1813–1817, Neudruck New York 1976; H. A. Craw, A Biography and Thematic Catalogue of the Works of J. L. Dussek, 1760–1812, Diss. University of Southern California 1964 *(S. 172)*

Christian Friedrich Carl Fasch – Sämmtliche Werke, hrsg. von der Singakademie Berlin I–VII, Berlin 1839; G. Schünemann, Die Singakademie zu Berlin 1741–1941, Regensburg 1941 *(S. 122)*

Johann Nikolaus Forkel – Allgemeine Geschichte der Musik, Leipzig 1788–1801, Reprint 1967; Allgemeine Litteratur der Musik, Leipzig 1792, Reprint 1962; H. Edelhoff, Johann Nikolaus Forkel: ein Beitrag zur Geschichte der Musikwissenschaft, Göttingen 1935 *(S. 148)*

Francesco Saverio Geminiani – A Treatise of Good Taste in The Art of Musick, London 1749, Faksimile-Ausgabe New York 1969; The Art of Playing on the Violin, London 1751, Faksimile-Ausgabe London 1952; A. Betti, La vita e l'arte di Francesco Geminiani, Lucca 1933 *(S. 24)*

Christoph Willibald von Gluck – Sämtliche Werke, hrsg. von R. Gerber u. a., Kassel 1951 ff.; R. Tenschert, Christoph Willibald Gluck, sein Leben in Bildern, Leipzig 1938, Neudruck Olten und Freiburg 1951 *(S. 82)*

Carl Heinrich Graun – Der Tod Jesu, Leipzig 1760, Neudruck hrsg. von H. Serwer, Madison, Wisc., 1974; C. Mennicke, Hasse und die Brüder Graun als Symphoniker, Leipzig 1906, Neudruck 1977 *(S. 58)*

André Ernest Modeste Grétry – Collection complète des œuvres de André Ernest Modeste Grétry, hrsg. von F. A. Gevaert u. a., 49 Bde., Leipzig 1883–1936; Mémoires ou Essais sur la musique, 3 Bde., 2. Aufl. Paris 1797, 3. Aufl. Brüssel 1829; deutsche Ausgabe: Memoiren, oder Essays über die Musik, hrsg. von P. Gülke, Wilhelmshaven 1978; S. Clercx, Grétry, 1741–1813, Brüssel 1944 *(S. 138)*

Georg Friedrich Händel – Hallische Händel-Ausgabe, hrsg. von M. Schneider, R. Steglich u. a., Kassel 1955 ff.; R. Petzoldt und E. Crass, Georg Friedrich Händel. Sein Leben in Bildern, Leipzig 1960, 3. Aufl. 1965 *(S. 36)*

Johann Adolf Hasse – C. Mennicke, Hasse und die Brüder Graun als Symphoniker, Leipzig 1906, Neudruck 1977; W. Müller, J. A. Hasse als Kirchenkomponist, Leipzig 1911 *(S. 54)*

Franz Joseph Haydn – Werke, hrsg. vom Joseph-Haydn-Institut Köln, München 1958 ff.; H. Ch. R. Landon, Haydn: Chronicle and Works I–V, London 1976–1980; L. Somfai, Joseph Haydn. Sein Leben in zeitgenössischen Bildern, Kassel 1966 *(S. 116)*

Johann Michael Haydn – Instrumentalwerke I, bearb. von L. H. Perger, in: Denkmäler der Tonkunst in Österreich XXIX, Jg. XIV, 2, 1907, Neudruck 1959; Instrumentalwerke, bearb. von A. M. Klafsky, in: Denkmäler der Tonkunst in Österreich LXII, Jg. XXXII, 2, 1925, Neudruck 1960; H. Jancik, Michael Haydn: ein vergessener Meister, Zürich 1952 *(S. 124)*

Johann Adam Hiller – Wöchentliche Nachrichten und Anmerkungen die Musik betreffend, Leipzig 1766–1770, Neudruck Hilversum 1970; Lebensbeschreibungen berühmter Musikgelehrten und Tonkünstler neuerer Zeit, Leipzig 1784; K. Peiser, Johann Adam Hiller, Leipzig 1894; K. Kawada, Studien zu den Singspielen von Johann Adam Hiller (1728–1804), Kassel 1973 *(S. 106)*

Ignaz Jakob Holzbauer – Instrumentale Kammermusik, hrsg. von U. Lehmann, in: Das Erbe deutscher Musik XXIV, 1953; Ignaz Holzbauer, Günther von Schwarzburg, hrsg. von H. Kretzschmar, in: Denkmäler deutscher Tonkunst VIII–IX, 1902, in Neuauflage hrsg. von H. J. Moser 1957; Verzeichnis der Druckausgaben von Sinfonien der Mannheimer Komponisten Johann Stamitz, Franz Xaver Richter, Anton Filtz, Ignaz Holzbauer, Joseph Toeschi, Christian Cannabich, Karl Stamitz, Anton Stamitz, hrsg. von H. Riemann, in: Denkmäler der Tonkunst in Bayern III/1, 1902, und XV, 1914; H. Werner, Die Sinfonien von Ignaz Holzbauer (1711–1783), Diss. München 1942 *(S. 76)*

Johann Georg Holzbogen – R. Münster, Johann Georg Holzbogen, in: Oberpfälzer Heimat IV, 1964, S. 43ff.; Peter Jakob Horemans, 1700–1776, kurbayerischer Hofmaler, Ausstellungskatalog der Sonderausstellung 4 der Alten Pinakothek München 1974 *(S. 102)*

Jacques Martin Hotteterre – Principes de la flute traversière, Paris 1707, Neudruck London und New York 1968; J. M. Bowers, The French Flute School from 1700 to 1760, Diss. Berkeley, California, 1971; N. Mauger, Les Hotteterre: célèbres joueurs et facteurs de flûtes, hautbois, bassons et musettes des XVIIe & XVIIIe siècles, nouvelles recherches, Paris 1912 *(S. 20)*

Niccolò Jommelli – H. Abert, Niccolò Jommelli als Opernkomponist, Halle 1908; M. McClymonds, Niccolò Jommelli: the Last Years, Diss. Berkeley, California, 1978 *(S. 84)*

Johann Philipp Kirnberger – Die Kunst des reinen Satzes in der Musik, 2 Bde., Berlin 1771–1779, Neudruck Hildesheim 1968; S. Borris-Zuckermann, Kirnbergers Leben und Werk und seine Bedeutung für den Berliner Musikkreis um 1750, Kassel 1933 *(S. 92)*

Leopold Anton Koželuch – Das Wiener Lied von 1778 bis Mozarts Tod, bearb. von M. Ansion und I. Schlaffenberg, in: Denkmäler der Tonkunst in Österreich LIV, 1920; Quartetto d'archi, in: Musica Antiqua Bohemica XV, 1954; Tre Sinfonie, in: Musica Antiqua Bohemica LXXII, 1969; M. Poštolka, Leopold Koželuch: život a dilo, Prag 1964 *(S. 152)*

Joseph Martin Kraus – Etwas von und über Musik fürs Jahr 1777, Frankfurt a. M. 1778, Faksimile-Ausgabe München 1977; K. F. Schreiber, Biographie über den Odenwälder Komponisten Joseph Martin Kraus, Buchen 1928; I. Leux-Henschen, Joseph Martin Kraus in seinen Briefen, Stockholm 1978 *(S. 164)*

Jean-Marie Leclair – Sonaten in Einzelausgaben, hrsg. von H. Ruf, Kassel 1956–1958; M. Pincherle, Jean-Maris Leclair, l'aîné, Paris 1952 *(S. 50)*

Pietro Antonio Locatelli – Gesamtausgabe, hrsg. von A. Koole, Monumenta musicae neerlandicae IV, 1961; A. Dunning, Pietro Antonio Locatelli, I–II, Buren 1981 *(S. 48)*

Francesco Mancini – J. Wright, The Secular Cantatas of Francesco Mancini (1672–1737), Diss. New York 1975 *(S. 16)*

Benedetto Marcello – Il teatro alla moda, hrsg. von G. A. Caula, Turin 1965; C. Fruchtman, Checklist of Vocal Chamber Works by Benedetto Marcello, Detroit 1967 *(S. 40)*

Friedrich Wilhelm Marpurg – Der critische Musicus an der Spree, Berlin 1749–1750, Neudruck Hildesheim 1970; H. Serwer, Friedrich Wilhelm Marpurg (1718–1795), Music Critic in a Galant Age, Diss. Yale University 1969 *(S. 88)*

Giovanni Battista Martini – Storia della musica I–III, Bologna 1761–1781, Neudruck Graz 1967; P. V. Zaccaria, Padre Giambattista Martini: compositore musicologo e maestro, Padua 1969; A. Schnoebelen, Padre Martinis Collection of Letters, New York 1979 *(S. 62)*

Vicente Martín y Soler – R. A. Mooser, Un musicien espagnol en Russie à la fin du XVIIIe siècle, in: Rivista Musicale Italiana XL, 1936, S. 432ff. *(S. 158)*

Johann Mattheson – Grundlage einer Ehren-Pforte, Hamburg 1740, Faksimile-Ausgabe Kassel 1969; B. C. Cannon, J. Mattheson, Spectator in Music, New Haven 1947, Neudruck 1968 *(S. 28)*

Johann Georg Leopold Mozart – Ausgewählte Werke, hrsg. von M. Seiffert, in: Denkmäler der Tonkunst in Bayern XVII, Jg. IX, 2, 1908; Versuch einer gründlichen Violinschule, Augsburg 1756, Neudruck Leipzig 1968; Leopold Mozart, 1719–1787: Bild einer Persönlichkeit, hrsg. von L. Wegele, Augsburg 1969 *(S. 90)*

Wolfgang Amadeus Mozart – Neue Ausgabe sämtlicher Werke, hrsg. von der Stiftung Mozarteum Salzburg, Kassel 1955ff.; Gesamtausgabe der Briefe und Aufzeichnungen, hrsg. von W. A. Bauer, O. E. Deutsch und J. H. Eibl, I–VII, Kassel 1962–1975; O. E. Deutsch, Mozart und seine Welt in zeitgenössischen Bildern, Kassel 1961 *(S. 162)*

Johann Gottfried Müthel – Klavierkonzerte, hrsg. von W. Braun, in: Denkmäler norddeutscher Musik III/IV, München 1979; Orgelwerke, hrsg. von R. Wilhelm, Innsbruck 1982; E. Kemmler, Johann Gottfried Müthel (1728–1788) und das nordostdeutsche Musikleben seiner Zeit, Marburg 1970 *(S. 108)*

Joseph Mysliveček – Čescké Sonatiny, in: Musica Antiqua Bohemica XVII, 1954; R. Pečman, Joseph Mysliveček und sein Opernepilog, Brünn 1970 *(S. 126)*

Pietro Nardini – 6 Streichquartette, hrsg. von W. Altmann, Wiesbaden 1966; C. Pfäfflin, Pietro Nardini: seine Werke und sein Leben, Stuttgart 1930, Neudruck Wolfenbüttel 1936 *(S. 96)*

Johann Gottlieb Naumann – 12 Sonaten für Glasharmonika, Dresden 1786–1792, 3. Aufl. hrsg. von H. Eppstein, Stockholm 1950; 6 duos faciles für 2 Violinen, hrsg. von P. Bornemann, in: Hortus Musicus H. 90, 1951; H. F. Mannstein, Vollständiges Verzeichnis aller Kompositionen des Kurfürstlich Sächsischen Kapellmeisters Naumann, Dresden 1841; R. Engländer, Johann Gottlieb Naumann als Opernkomponist, Leipzig 1922, Neudruck Farnborough 1970 *(S. 134)*

Christian Gottlob Neefe – Partita in Es, in: Denkmäler Rheinischer Musik I, 1951; Zwölf Klavier-Sonaten, in: Denkmäler Rheinischer Musik X und XI, 1961 und 1964; Lebenslauf, von ihm selbst geschrieben, hrsg. von W. Engelhardt, in: Beiträge zur Rheinischen Musikgeschichte XXI, Köln 1957; A. Becker, Christian Gottlob Neefe und die Bonner Illuminaten, Bonn 1969 *(S. 144)*

Jean Georges Noverre – Lettres sur la danse et les arts imitateurs, Paris 1952; M. Krüger, Jean Georges Noverre und das ‚Ballet d'action'; Jean Georges Noverre und sein Einfluß auf die Ballettgestaltung, Emsdetten 1963 *(S. 104)*

Giovanni Paisiello – Il barbiere di Siviglia, Klavierauszug hrsg. von M. Parenti, Mailand 1960; J. L. Hunt, Giovanni Paisiello. His Life as an Opera Composer, New York 1975 *(S. 136)*

Giovanni Battista Pergolesi – M. E. Paymer, G. B. Pergolesi, a Thematic Catalogue of the Opera Omnia, New York 1977; A.-E. Cherbuliez, Giovanni Battista Pergolesi, Leben und Werk, Zürich und Stuttgart 1954 *(S. 74)*

Niccolò Vito Piccini – Iphigénie en Tauride, Paris 1791, Faksimile-Ausgabe Farnborough 1973; N. Pascazio, L'uomo Piccini e la ‚Querelle célèbre', Bari 1951 *(S. 110)*

Johann Georg Pisendel – Instrumentalkonzerte deutscher Meister, hrsg. von A. Schering, in: Denkmäler deutscher Tonkunst XXIX/XXX, 1907, in Neuaufl. hrsg. von H. J. Moser, 1958; Konzert Es-dur für Violine, Streichorchester und Basso continuo, hrsg. von G. Hausswald, Kassel 1959; H. R. Jung, Johann

Georg Pisendel (1687–1755), Leben und Werk, Diss. Jena 1956 *(S. 44)*

Ignaz Joseph Pleyel – R. Benton, Ignaz Pleyel. A Thematic Catalogue of his Compositions, New York 1977; Revue Pleyel, Paris 1923–1927, Neudruck in 4 Bde., Scarsdale 1969 *(S. 168)*

Johann Joachim Quantz – Versuch einer Anweisung die Flöte traversiere zu spielen, Berlin 1752, Faksimile-Ausgabe Kassel 1968; E. R. Reilly, Quantz and his Versuch: Three Studies, New York 1971; Autobiographie, in: Selbstbiographien deutscher Musiker des XVIII. Jahrhunderts, hrsg. von W. Kahl, Köln 1948, Nachdruck Amsterdam 1970 *(S. 52)*

Jean-Philippe Rameau – Œuvre complètes, hrsg. von C. Saint-Saëns u. a., Paris 1895–1924; J. Malignon, Rameau, Paris 1960; C. Girdlestone, Jean-Philippe Rameau, his Life and Work, London 1957, Neudruck 1969 *(S. 32)*

Johann Friedrich Reichardt – Goethes Lieder, Oden, Balladen und Romanzen mit Musik I und II, hrsg. von W. Salmen, in: Das Erbe deutscher Musik LVIII/LIX, 1964 und 1970; W. Salmen, Johann Friedrich Reichardt, Freiburg 1963 *(S. 156)*

Franz Xaver Richter – Sinfonien der Pfalzbayerischen Schule (Mannheimer Symphoniker), hrsg. von A. Sandberger, in: Denkmäler der Tonkunst in Bayern III/1, 1902; W. Gässler, Die Sinfonien von Franz Xaver Richter und ihre Stellung in der vorklassischen Sinfonik, Diss. München 1941 *(S. 64)*

Karl Joseph Riepp – J. Wörsching, Der Orgelbauer Karl Riepp, Mainz 1940 *(S. 68)*

Jean-Jacques Rousseau – J. Sénelier, Bibliographie générale des œuvres de Jean-Jacques Rousseau, Paris 1949; A. Jansen, Jean-Jacques Rousseau als Musiker, Berlin 1884, Neudruck 1971; R. Cotte, Jean-Jacques Rousseau, le philosophe musicien, Braine-le-Comte 1976 *(S. 78)*

Antonio Salieri – R. Angermüller, Antonio Salieri, sein Leben und seine weltlichen Werke, München 1971 *(S. 154)*

Giuseppe Domenico Scarlatti – Complete Keyboard Works in Facsimile, ed. R. Kirkpatrick, New York 1971 ff.; R. Kirkpatrick, Domenico Scarlatti, Princeton 1953, 3. Aufl. 1968 *(S. 38)*

Johann Abraham Peter Schulz – O. Riess, Johann Peter Abraham Schulz' Leben, Leipzig 1913; E. Schmitz, Unverwelkter Volkslied-Stil, Johann Abraham Peter Schulz und seine ‚Lieder im Volkston', Leipzig 1956; Briefwechsel zwischen Johann

Abraham Peter Schulz und Johann Heinrich Voss, hrsg. von H. Gottwaldt, und G. Hahne, Kassel *(S. 142)*

José António Carlos de Seixas – 80 Sonatas para instrumentos de tecla, hrsg. von M. S. Kastner, in Portugaliae musica X, 1965; Concerto em Lá Maior, in: Portugaliae musica XV, 1969; Abertura em Ré Maior, in: Portugaliae musica XVI, 1969; Sinfonis em si bemol, in: Portugaliae musica XVII, 1969; M. S. Kastner, Carlos Seixas, Coimbra 1947 *(S. 60)*

Antonio Soler – Sonatas para instrumentos de tecla I–VII, hrsg. von P. Samuel Rubio, Madrid 1957–1962; 6 Conciertos para dos instrumentos de tecla, hrsg. von M. S. Kastner, Barcelona 1962, Mainz 1972; Llave de la modulación, Madrid 1762, Faksimile-Ausgabe New York 1967; S. Rubio, Antonio Soler, Catálogo Critico, Madrid 1980 *(S. 112)*

Carl Stamitz – Verzeichnis der Druckausgaben von Sinfonien der Mannheimer Komponisten Johann Stamitz, Franz Xaver Richter, Anton Filtz, Ignaz Holzbauer, Joseph Toeschi, Christian Cannabich, Karl Stamitz, Anton Stamitz, hrsg. von H. Riemann, in: Denkmäler der Tonkunst in Bayern III/1, 1902, und XV, 1914; F. C. Kaiser, Carl Stamitz (1745–1801): biographische Beiträge, das symphonische Werk, thematischer Katalog der Orchesterwerke, Diss. Marburg 1962 *(S. 86)*

Johann Stamitz – Sinfonien der Pfalzbayrischen Schule (Mannheimer Symphoniker), hrsg. von H. Riemann, in: Denkmäler der Tonkunst in Bayern III/1, 1902, und XV, 1914; E. K. Wolf, The Symphonies of J. Stamitz; Authenticity, Chronology, and Style, New York 1972 *(S. 86)*

Giuseppe Tartini – Le opere, hrsg. von E. Farina und C. Scimone, Mailand 1971 ff.; P. Petrobelli, Giuseppe Tartini: le fonti biografiche, Wien, Mailand und London 1968 *(S. 46)*

Georg Philipp Telemann – Musikalische Werke, Kassel und Basel 1950 ff.; K. Grebe, Georg Philipp Telemann in Selbstzeugnissen und Bilddokumenten, Reinbeck 1970; H. Wettstein, Georg Philipp Telemann, Bibliographischer Versuch zu seinem Leben und Werk, Hamburg 1981 *(S. 26)*

Johann Baptist Vanhal – Ausgewählte Werke, in: Musica Antiqua Bohemica XI ff.; M. von Dewitz, Johann Baptist Vaňhal, Leben und Klavierwerke, Diss. München 1933; P. R. Bryan, The Symphonies of J. Vaňhal, Diss. Michigan 1955 *(S. 128)*

Giovanni Battiste Viotti – R. Giazotto, Giovan Battista Viotti, Mailand 1956 *(S. 160)*

Antonio Lucio Vivaldi – Le opere, hrsg. von G. F. Malipiero, Rom 1947 ff.; M. Talbot, Vivaldi, London 1978; P. Ryom, Verzeichnis der Werke Antonio Vivaldis, Leipzig 1979 *(S. 22)*

Georg Joseph Abbé Vogler – Mannheimer Kammermusik des 18. Jahrhunderts, hrsg. von H. Riemann, in: Denkmäler der Tonkunst in Bayern XV, 1914; K. E. von Schafhäutl, Abt Georg Joseph Vogler, Augsburg 1888; H. Schweiger, Abbé Georg Joseph Vogler's Orgellehre, Wien 1938; D. J. Britton, Abbé Georg Joseph Vogler: his Life and his Theories on Organ Design, Diss. Rochester 1973 *(S. 146)*

Johann Gottfried Walther – Gesammelte Werke für Orgel, hrsg. von M. Seiffert, in: Denkmäler deutscher Tonkunst XXVI und XXVII, 1906, in Neuaufl. hrsg. von H. J. Moser 1958; Musicalisches Lexicon, oder Musicalische Bibliothec, Leipzig 1732, Faksimile-Ausgabe Kassel 1953; O. Brodde, Johann Gottfried Walther: Leben und Werk, Kassel 1937 *(S. 30)*

Silvius Leopold Weiß – Complete Works, ed. D. A. Smith, Frankfurt 1980 ff.; D. A. Smith, Silvius Leopold Weiss: Master Lutanist of the German Baroque, in: Early Music VIII, 1980, S. 47 ff. *(S. 42)*

Paul Wranitzky – Werke verstreut ediert in: Musica Antiqua Bohemica XIV ff., 1954–1965; V. Blažek, Bohemica v lobkovském zámeckém archivu v Roudnici n. L., Prag 1936; M. Poštolka, Thematisches Verzeichnis der Sinfonien Pavel Vranický's, in: Miscellanea musicologica XX, 1967, S. 101 ff. *(S. 166)*

Johann Rudolf Zumsteeg – Ausgewählte Lieder, hrsg. von L. Landshoff, Berlin 1902; F. Szymichowski, Johann Rudolf Zumsteeg als Komponist von Balladen und Monodien, Diss. Frankfurt 1932; G. Maier, Die Lieder Johann Rudolf Zumsteegs und ihr Verhältnis zu Schubert, Göppingen 1971 *(S. 174)*

Buchanzeigen

Beck'sche Schwarze Reihe

Die zuletzt erschienenen Bände (Stand Sommer 1983)

214 Deutsche Schriftsteller im Porträt, Bd. 3: Sturm und Drang, Klassik, Romantik
215 Faveri, Wagenknecht (Hrsg.): Italienische Lyrik der Gegenwart
216 Lutz: Lexikon zur Sicherheitspolitik
217 v. Hippel: Grundfragen der Weltwirtschaftsordnung
218 Weisenfeld: Frankreichs Geschichte seit dem Krieg
219 Nuscheler, Ziemer: Politische Herrschaft in Schwarzafrika
220 Deutsche Schriftsteller im Porträt, Bd. 2: Zeitalter der Aufklärung
221 Waldmann (Hrsg.): Politisches Lexikon Lateinamerika
222 Rucht: Von Wyhl nach Gorleben
223 Fuhrmann: Von Petrus zu Johannes Paul II.
224 Liedloff: Auf der Suche nach dem verlorenen Glück
225 McRae: Die Gastarbeiter
226 Draguhn, Hofmeier, Schönborn (Hrsg.): Politisches Lexikon Asien und Südpazifik
227 Puknus (Hrsg.): Neue Literatur der Frauen
228 Tibi: Die Krise des modernen Islams
229 v. Stackelberg: Klassische Autoren des Schwarzen Erdteils
230 Deutsche Schriftsteller im Porträt, Bd. 4: 19. Jahrhundert
231 Schröder (Hrsg.): Die Frau ist frei geboren, Bd. 2: 1870–1918
232 Butler, Arnold-Dielewicz (Hrsg.): Englische Lyrik der Gegenwart
233 Howard: Der Krieg in der europäischen Geschichte
234 Grasskamp: Museumsgründer und Museumsstürmer
235 Lehmann: Chronik der Bundesrepublik Deutschland 1945–1981
236 Furtak (Hrsg.): Politisches Lexikon Europa, Bd. 1
237 Furtak (Hrsg.): Politisches Lexikon Europa, Bd. 2
238 Anders: Die atomare Drohung
239 Weggel: China zwischen Revolution und Etikette
240 Mayer-Tasch (Hrsg.): Im Gewitter der Geraden. Deutsche Ökolyrik 1950 bis 1980
241 Schweitzer: Friede oder Atomkrieg
242 Meyer-Abich, Schefold (Hrsg.): Wie möchten wir in Zukunft leben
243 Chiellino: Italien, Band 1
244 Chiellino, Marchio, Rongoni: Italien, Bd. 2
245 Feichtner, Seyr: Sowjetunion, Bd. 1
246 Feichtner, Seyr: Sowjetunion, Bd. 2
247 Wiertz: Strafen – Bessern – Heilen?
248 Wassmund: Grundzüge der Weltpolitik. 1945 bis zur Gegenwart
249 Stemberger (Hrsg.): Epochen der jüdischen Literatur
250 Musiker im Porträt, Bd. 1: Von der Spätantike bis 1600
251 Musiker im Porträt, Bd. 2: Das 17. Jahrhundert
252 Musiker im Porträt, Bd. 3: Das 18. Jahrhundert
255 Schweitzer: Die Ehrfurcht vor dem Leben
256 Spaemann: Moralische Grundbegriffe
257 Neuffer: Die Erde wächst nicht mit
258 Totman: Was uns krank macht. Die sozialen Ursachen der Krankheit
259 Uschakow (Hrsg.): Polen – das Ende der Erneuerung?
260 Waldenfels (Hrsg.): Theologen der Dritten Welt
261 Prijs: Die Welt des Judentums
262 Birkenfeld (Hrsg.): Gastarbeiterkinder aus der Türkei
263 Friebel, Händel: Großbritannien, Bd. 2
264 Goyke: Parlaments-ABC
265 Deutsche Schriftsteller im Porträt, Bd. 5: Jahrhundertwende
266 Sieferle: Der unterirdische Wald. Energiekrise und Industrielle Revolution
267 Gruner: Die ‚deutsche Frage'
268 Bautz (Hrsg.): Geschichte der Juden
269 Datta: Ursachen der Unterentwicklung
270 Seiffert: Einführung in die Wissenschaftstheorie, Bd. 3: Handlungstheorie, Modallogik, Ethik, Systemtheorie
272 Teutsch: Tierversuche und Tierschutz
273 Fetscher (Hrsg.): Konservatismus und ‚Neue Rechte'
274 Schenk: Frauen kommen ohne Waffen
275 Greverus, Haindl (Hrsg.): Versuche, der Zivilisation zu entkommen
276 Hausen (Hrsg.): Frauen suchen ihre Geschichte

Große Denker

501 Craemer-Ruegenberg: Albertus Magnus
502 Schöpf: Sigmund Freud
503 Lauener: Willard Van Orman Quine
504 Fischer: Galileo Galilei
505 Euchner: Karl Marx